Para viver
um amor
de verdade

Daphne Rose Kingma

Para viver um amor de verdade

Como tornar seu relacionamento mais profundo e apaixonado

SEXTANTE

Título original: *True Love*
Copyright © 2001 por Daphne Rose Kingma
Copyright da tradução © 2008 por GMT Editores Ltda.
Todos os direitos reservados.

Nenhuma parte deste livro pode ser utilizada ou reproduzida sob quaisquer meios existentes sem autorização por escrito dos editores.

tradução: Cíntia Braga
preparo de originais: Rachel Agavino
revisão: Masé Sant'Anna e Tereza da Rocha
projeto gráfico e diagramação: Marcia Raed
capa e ilustração de capa: Silvana Mattievich
pré-impressão: ô de casa
impressão e acabamento: Associação Religiosa Imprensa da Fé

CIP-BRASIL. CATALOGAÇÃO-NA-FONTE
SINDICATO NACIONAL DOS EDITORES DE LIVROS, RJ

K64p

Kingma, Daphne Rose, 1942-
　Para viver um amor de verdade / Daphne Rose Kingma [tradução de Cíntia Braga]. – Rio de Janeiro: Sextante, 2008.

　Tradução de: True love
　ISBN 978-85-7542-395-0

　1. Amor. 2. Intimidade (Psicologia). 3. Comunicação interpessoal. I. Título.

08-1524

CDD: 158.2
CDU: 159.9:316.47

Todos os direitos reservados, no Brasil, por
GMT Editores Ltda.
Rua Voluntários da Pátria, 45 – Gr. 1.404 – Botafogo
22270-000 – Rio de Janeiro – RJ
Tel.: (21) 2286-9944 – Fax: (21) 2286-9244
E-mail: atendimento@esextante.com.br
www.sextante.com.br

SUMÁRIO

Prefácio 7
Introdução 9

AS CONDIÇÕES PARA O AMOR
O amor é um processo, não um destino 12
Todos precisam de mais amor 14
Todos estão feridos: a teoria da orelha rasgada 16
Todos têm problemas 18
Seu amado não é você 20
Seu amado não tem bola de cristal 22
As suposições são um perigo para sua vida amorosa 24
A comunicação é o milagre interpessoal 26
A comunicação é uma revelação, não uma disputa 28
Os relacionamentos têm diferentes estações 30

AS PRÁTICAS DO AMOR
Desenvolvendo seu eu amoroso
Ame a si mesmo 36
Diga o que você sente 38
Peça o que você quer 40
Tenha coragem emocional 42
Revele o que faz você se sentir amado 44
Revele sua fantasia amorosa 46
Não se cobre demais 48

Cuidando de seu amado
Celebre o que é especial e valorize o trivial 52
Torne o trivial extraordinário 54
Mantenha sua palavra 56
Critique em particular 58
Faça o inesperado 60
Comporte-se bem em público 61
Cubram-se de beijos 63
Diga palavras românticas 64
Peça por favor 66

Dê mais presentes 68
Ofereça ajuda 70
Faça perguntas ridículas 72
Busque o significado oculto das palavras 74
Coloque-se no lugar do outro 76
Agradeça 78

Valorizando seu relacionamento
Anuncie seu amor publicamente 82
Tenha compaixão 84
Negocie as tarefas do dia-a-dia 86
Reconheça as dificuldades que seus problemas pessoais causam 88
Mantenham contato 90
Tenham um tempo de intimidade 92
Esquente o romance 94
Tenha cuidado com o que diz 96
Despeça-se e reencontre-se com gestos de amor 98
Aprenda a brigar de maneira construtiva 100
Não lave roupa suja 102
Lembre-se do início do romance 104
Esteja disposto a ceder 106
Ressalte o que é positivo 108
Massageie o ego de seu amor 110
Resolva suas pendências emocionais 112
Peça desculpas 114
Divirtam-se juntos 116
Crie rituais de comemoração 118
Revele seus medos 120
Compartilhe seus sonhos 122
Seja generoso com seu corpo 124
Confie no outro 126
Faça tudo isso inúmeras vezes 128

AS TRANSFORMAÇÕES DO AMOR
Console o outro 132
Perdoe o outro 133
Reconheça que a palavra tem o poder de criar a realidade 135
Considere seu relacionamento sagrado 137
Consagre seu relacionamento 139
Enxergue a luz de seu amado 141
Curvem-se ao mistério do amor 143

PREFÁCIO

Este livro é uma receita de amor verdadeiro: aquele que dura, transforma, cura e proporciona uma alegria inestimável. Há muitos livros que tratam dos processos psicológicos ocultos nos relacionamentos e ensinam a lidar com eles. Meu objetivo não é esse, e sim oferecer o dom de nutrir e melhorar seu amor, um guia para o desenvolvimento de sua capacidade de amar. Adotando os comportamentos apresentados aqui, você poderá conquistar um relacionamento mais satisfatório.

Você pode ler este livro do início ao fim ou ao acaso, um capítulo por dia. Uma opção muito eficaz é selecionar um item e pedir para seu companheiro tentar praticá-lo – por um dia, uma semana, um mês – enquanto você faz o mesmo com um item escolhido por ele. Provavelmente vocês escolherão algo de que realmente precisam, e ver essa necessidade atendida vai fazer crescer o amor que sentem um pelo outro.

O amor só floresce quando nos preparamos psicologicamente para isso. A primeira parte deste livro, *As condições para o amor*, trata dessa preparação, do que precisamos saber para criar um clima propício a esse sentimento, e traz sugestões que irão transformar o modo como você vê seu relacionamento e as expectativas que tem em relação a ele. A segunda parte, *As práticas do amor*, apresenta dicas de gestos e atos que, se realizados conscientemente, farão com que o amor que você semeou germine e cresça. Essa parte está dividida em três seções: "Desenvolvendo seu eu amoroso", "Cuidando de seu amado" e "Valorizando seu relacionamento", porque o amor verdadeiro consiste em cuidar de você mesmo, do outro e da relação propriamente dita.

O amor tem o grande objetivo de nos levar – por meio da presença reveladora da pessoa que nos ama – ao mais profundo de nosso ser e nos fazer sentir que nossas vidas têm um propósito que deve ser atingido. A última parte, *As transformações do amor*, nos ensina algumas maneiras de usar a força do amor para nos tornarmos quem podemos ser de verdade. Esse é o maior dom do amor, sua vocação mais profunda e sua maior tarefa. É pela capacidade de amar que temos o poder de mover montanhas e de mudar o mundo.

INTRODUÇÃO

Todos nós desejamos profundamente o amor. Não apenas a sensação de frio na barriga que caracteriza um novo romance, mas o conforto indescritível de sermos conhecidos, aceitos e bem cuidados, e a segurança e a paz de espírito que sentimos quando estamos intimamente ligados a outro ser humano.

O amor romântico – movido por uma onda de impulsos ou atração, estimulado pela luz da Lua, pela magia da música, pelo aroma encantador de tranqüilas noites de verão – muitas vezes é fácil de conseguir. O amor verdadeiro é bem mais difícil de ser alcançado. Muito freqüentemente nos decepcionamos. Queremos, mas não conseguimos, fazer com que esses sentimentos deliciosos durem. Queremos aprofundar os laços, mas não sabemos como.

Comecei a escrever este livro após ter trabalhado por muitos anos com pessoas cujo maior desejo era sentir a alegria e o companheirismo do amor verdadeiro. Quaisquer que fossem suas experiências, o que elas me mostravam por meio de seus anseios e lutas era que todos nós precisamos de um amor que preencha nossos corações, excite nossos corpos e alimente nossos espíritos.

Esse trabalho me fez perceber que sabemos muito pouco sobre como conquistar os sentimentos, a experiência, o conforto, o prazer e o consolo que gostaríamos de obter em nossos relacionamentos. Aprendemos a organizar nossas contas bancárias, a tirar manchas de um colarinho e a preparar uma refeição refinada, mas não a criar uma relação verdadeiramente amorosa. Em vez disso, iludidos pelos romances, pela música popular e pelo cinema, acreditamos que, sem que seja necessário qualquer esforço de nossa parte, o amor resolverá todos os nossos problemas e transformará nossos sonhos em realidade.

O amor verdadeiro é mais do que um sentimento, mais do que um momento mágico ou êxtase emocional que termina quando a lua cheia míngua. É um conjunto de atitudes e conhecimentos cuja prática cria e mantém o que chamamos de amor. Um relacionamento que nos satisfaz, apóia e cura é o resultado de um grande esforço. É, na verdade, um trabalho de amor e só se concretiza quando nos conscientizamos de que esse sentimento, além de ser um dom, é também um empreendimento, pois exige de nós tanto quanto nos dá.

O amor verdadeiro requer uma mudança na nossa visão de nós mesmos, da pessoa que amamos, do mundo e da condição humana; disposição para aprender o que muitas vezes relutamos em saber ou não achamos necessário. Pede uma transformação no nosso comportamento emocional e espiritual, tanto em público como em particular; nos convida a dar tanto quanto recebemos, a cuidar do outro da mesma forma como somos cuidados. Requer que sejamos gentis, sinceros, criativos, solícitos, atenciosos, intuitivos, disciplinados e ousados. O amor verdadeiro nos ensina a ser mais humanos.

Este livro também convida você a mudar seu ponto de vista em relação ao amor – a vê-lo, não como a solução para todos os problemas, mas como um poder que tem a infinita capacidade de transformar nossas vidas. Justamente porque sentimos o seu potencial transformador é que estamos constantemente em busca do amor, para desfrutar as bênçãos que ele oferece.

Não fomos feitos simplesmente para receber amor; também devemos amar. O amor verdadeiro é consciente, e amar conscientemente – identificar e realizar atos aparentemente impossíveis visando ao bem-estar do outro – é a arte espiritual deste século.

O amor em que acreditamos precisa existir também dentro de nós. Não importa o que fazemos, dizemos ou nos tornamos, é nossa capacidade de amar que realmente nos define. No final, nada do que tenhamos dito ou feito terá tanta importância em nossa vida quanto a intensidade com que amamos.

AS CONDIÇÕES PARA O AMOR

O AMOR É UM PROCESSO, NÃO UM DESTINO

Muitas vezes pensamos, pelo menos de forma inconsciente, que, quando finalmente nos apaixonarmos e decidirmos dividir nossa vida com outra pessoa, tudo vai dar certo. Nós "sossegaremos" e ficaremos assim "até que a morte nos separe".

Chamo isso de o conceito "caixa de sapatos" do amor. Desse ponto de vista, um relacionamento é como uma caixa de sapatos ou outro recipiente pequeno no qual você guarda algo precioso, como, por exemplo, seu buquê de noiva. Você embrulha as flores em papel de seda, coloca-as na caixa, fecha a tampa, guarda a caixa na prateleira e espera que o que está ali dentro fique para sempre exatamente como está.

Infelizmente, é assim mesmo que a maioria de nós encara os relacionamentos. Colocamos nosso amor em uma caixa de sapatos, a enfurnamos em algum lugar e imaginamos que, quando quisermos, poderemos recuperar o amor no mesmo estado. Acreditamos que não é preciso fazer qualquer esforço para evitar que ele mofe ou seja comido por traças.

Na verdade, um relacionamento é um processo, não um destino. Começa com um amor que prende nossa atenção, acende a paixão e supera os inúmeros altos e baixos que lhe dão tempero e que, mesmo sem gostarmos ou esperarmos, formam e transformam as duas pessoas que o criaram.

Conscientemente ou não, realizamos muitas coisas em um relacionamento. Revemos nossa história com nossos pais e curamos traumas de infância. Quando amamos, nos entregamos ao cuidado e exemplo da pessoa amada, o que nos capacita a desenvolver vários aspectos reprimidos e abandonados de nós mesmos. Toda essa transformação pessoal só acontece porque – e quando – abandonamos a idéia de que uma relação é um monumento concreto ocupando um ponto fixo no universo.

Um relacionamento demanda movimento e crescimento, pois é um território sagrado para a evolução de duas almas. As transformações que ele sofre têm a mesma proporção das mudanças pelas quais passam os indivíduos envolvidos. O que esperamos dos relacionamentos é proporcional ao que eles exigem de nós e ao que, com o tempo, nos tornaremos.

Por isso lembre-se de que o amor é um processo e celebre as mudanças que ele traz. Fazer isso é estar constantemente aberto a se tornar alguém muito maior do que você é. Resistir é se diminuir e se tornar muito menor do que poderia ser.

TODOS PRECISAM DE MAIS AMOR

Os relacionamentos são um lugar especial e protetor onde esperamos realizar todos os nossos sonhos e esperanças, onde procuramos pelo amor que nunca tivemos (ou que não foi suficiente) quando éramos crianças. Infelizmente, enquanto lutamos por nossas necessidades e desejos, é fácil nos esquecermos de que o outro também pode estar precisando de um pouco mais de amor.

Nos relacionamentos, assim como em tudo o mais na vida, cada um de nós tende a pensar que é o único que está com problemas, que teve um dia difícil ou que precisa de mais amor. Mas não é assim que as coisas funcionam.

Todos precisam de mais amor. A verdade é que ninguém teve uma infância perfeita nem recebeu elogios, atenção, reconhecimento, afeição, mimo, carinho, condescendência ou encorajamento suficientes. *Todos* nós precisamos de mais.

Para ter certeza de que está dando tanto amor quanto recebe, tenha em mente que todos são tão carentes quanto você. Esse é um grande passo para evitarmos ser avarentos e sovinas, transformando ambos os envolvidos na relação em bebês desesperados por amor.

Isso também nos faz expressar cuidadosamente nossos sentimentos. Freqüentemente cometemos o erro de supor que, só porque amamos determinada pessoa, ela sabe disso e sente esse amor, portanto nenhum comportamento especial é necessário. Mas a experiência de se sentir amado é fortalecida através de diversas atitudes que expressam o que temos em nosso coração. Não devemos apenas "amar", mas demonstrar este amor de modo consistente.

Portanto, lembre-se de que o outro precisa de amor tanto quanto você e seja generoso de todas as maneiras possíveis: com elogios, beijos, gentilezas, músicas, etc. Ame com silêncio, suavidade, cor, meditação, oração. Ame como você nunca imaginou que fosse capaz. Quanto mais amor você der, mais receberá. Dessa forma, o amor será mais abundante e a vida, mais doce. E então mais cheia de amor será a atmosfera em que vivemos e respiramos.

TODOS ESTÃO FERIDOS:
A TEORIA DA ORELHA RASGADA

Quando nos apaixonamos, esperamos, consciente ou inconscientemente, que a pessoa amada seja perfeita: companheira, amiga, carinhosa com nossos filhos e a amante ideal. Os relacionamentos entram em crise quando nos deparamos com a realidade de que o outro é um simples mortal e não a projeção de nossas fantasias. Subitamente o príncipe no cavalo branco tem arranhões em sua armadura e Rapunzel, piolhos em seus longos e lindos cabelos.

Essa é a hora de usar a "teoria da orelha rasgada", um ótimo antídoto para expectativas exageradas. Essa teoria recomenda que você aceite que a pessoa amada não é perfeita e que a ame mesmo assim.

Escolhi esse nome em homenagem a meu gato, Max. Quando jovem, ele era um belo gato tigrado com olhos maravilhosos. Tinha estilo e classe, modos de vencedor e um ronronar admirável. Era refinado, além de exímio caçador. Eu, é claro, o amava.

Certo dia, na adolescência, Max se meteu em uma briga de rua e voltou para casa com a orelha toda ensangüentada e rasgada até à base. A ferida se curou com o tempo, mas o rasgão ficou para sempre. A questão era se eu ainda seria capaz de amá-lo agora que ele obviamente tinha um defeito. A resposta era, e ainda é, sim.

A verdade é que todos nós somos como Max – todos nós fomos feridos, temos orelhas rasgadas, cicatrizes em nossas almas (e às vezes em nossos corpos) onde os estragos da vida deixaram sua marca: auto-estima em farrapos, complexo por alguma imperfeição física, medo de não sermos amados, vergonha de alguma derrota, a sensação de que, apesar de nossos esforços, não chegaremos a lugar nenhum na vida. São essas coisas que nos levam a agir de modo nem sempre perfeito.

O que é triste, mas verdadeiro, é que imaginamos que o outro não tem feridas. Esquecemos que a criancinha desesperada, apavorada e triste dentro de nós encontra sua réplica na pessoa que amamos – também cheia de cicatrizes e defeitos.

Lembrar que ninguém é perfeito o ajudará a aceitar a pessoa amada com suas imperfeições, alimentará sua paciência e o fará compreender que você não é o único a sofrer. Em um nível mais profundo, o estimulará a conhecer as feridas do outro e descobrir como cuidar dele com carinho.

Ter consciência de que todos nós temos orelhas rasgadas fará você se sentir menos só, pois o fato de a pessoa amada também ter feridas, significa que você não sofre sozinho – e isso os une ainda mais.

TODOS TÊM PROBLEMAS

No amor, esperamos que nossos parceiros façam, parem de fazer, sejam, digam, dêem ou recebam o que quisermos e nos esquecemos de que eles têm vida própria. Infelizmente (e felizmente), um relacionamento não é uma competição em que todos os nossos caprichos e carências – emocionais ou físicos – devem ser atendidos. Todos têm problemas, se sentem presos em determinadas situações e têm que lidar com as circunstâncias da melhor forma possível. Isso significa que a pessoa amada nem sempre estará disponível ou será capaz de nos atender quando e como queremos.

As circunstâncias podem parecer tão esmagadoras – ficar anos em um emprego sem perspectivas de bancar os estudos dos filhos, ter que cuidar da mãe que tem mal de Alzheimer, tentar se formar na universidade enquanto trabalha o dia inteiro – que nos esquecemos de que nosso parceiro também tem seus problemas. Já que a vida às vezes é muito difícil, queremos nos sentir protegidos e, com base na idéia de que "o amor deve nos dar tudo", esperamos que a pessoa amada faça isso por nós. "Se ele realmente me amasse, nos livraria das dívidas de uma vez por todas"; "Se ela realmente me amasse, faria amor comigo sempre que eu quisesse".

Manter esse tipo de expectativa é um modo de não reconhecer um dos fatos mais básicos e decepcionantes da vida: ela não é justa. Cada um de nós tem fardos enormes. Provavelmente a pessoa amada, assim como nós, está tentando lidar com tudo da melhor forma possível.

Nossos parceiros também precisam suportar os pequenos aborrecimentos do cotidiano: a bateria arriada, o escritório cheio de fumaça de cigarro, a bronca do chefe, a mancha de molho na camisa branca nova. Ela teve um dia difícil no trabalho, o pai dele está morrendo de câncer e ninguém tem energia suficiente para chegar em casa e fazer o jantar.

Infelizmente, é muito fácil esquecermos os problemas do outro quando estamos às voltas com os nossos. Tenho uma amiga que vivia brigando com o marido porque ele nunca chegava em casa antes das oito da noite. Finalmente, ele disse: "Você acha que eu QUERO trabalhar até tão tarde toda noite? Eu não agüento mais meu trabalho. Mas não posso me dar ao luxo de pedir demissão, pois tenho que pagar sua faculdade e sustentar as crianças." Quando ela se conscientizou de que ele era tão vítima das circunstâncias quanto ela, parou de pressioná-lo e começou a demonstrar solidariedade. O mais interessante é que, logo depois, ele começou a voltar para casa mais cedo.

Lembrar que todos nós temos problemas é um modo de nos unirmos. Quando reconhecemos em nossos corações, e por meio de nossos atos, que o outro também sofre os efeitos do dia-a-dia, criamos um vínculo diferente. Em vez de entrar em conflito, percebemos que passamos por tudo isso juntos. Reconhecemos que não vivemos, não amamos, não trabalhamos nem sofremos sozinhos.

SEU AMADO NÃO É VOCÊ

Isso pode parecer óbvio, mas um dos maiores erros que você pode cometer no amor é se tomar como base e presumir que seu parceiro é exatamente igual a você em termos de sensibilidade, hábitos, preferências, esperanças e expectativas. Em geral, nós nos apaixonamos e ficamos encantados pela magia de outro ser humano justamente porque ele é diferente de nós. No entanto, muito freqüentemente, assim que nos acomodamos em um relacionamento íntimo, tendemos a nos comportar como se nosso parceiro fosse ou devesse ser uma extensão de nós mesmos.

Isso fica claro no "nós" usado pelos casais: "Nós não gostamos de cidades grandes"; "Nós não gostamos de bacalhau"; "Nós sempre..."; "Nós nunca...". E está oculto, mas não menos presente, em nossas suposições: "Gosto de passar as férias na montanha, você também deveria gostar"; "Como eu acordo muito cedo, você deveria acordar também"; "Já que eu quero ter filhos, você também deveria querer"; "Eu amo minha mãe, portanto você também deveria amá-la"; "Se eu expresso meu amor em palavras, você deveria fazer o mesmo". Inúmeras brigas têm origem nessas suposições aparentemente inofensivas.

A conseqüência disso é que a maioria das pessoas faz ou dá o que gostaria de receber, em vez de se preocupar com o que a outra pessoa quer. O resultado são muitas brigas, uma vez que os parceiros não têm suas necessidades atendidas. E as discussões tendem a aumentar, porque o insatisfeito reclama e o outro se zanga, pois não entende como o seu presente tão precioso pode ser rejeitado.

Essa expectativa de que o outro seja um clone de nós mesmos tem origem na infância, quando realmente *éramos* o centro do universo e o mundo girava ao nosso redor: se acordássemos berrando às cinco da manhã, todos acordavam também. Mas, na idade adulta, quando você trata seu companheiro como se fosse você mesmo, o está privando do direito de ter uma identidade independente.

Você o reduz a uma espécie de não-entidade e diz que somente seus próprios pontos de vista e preferências importam – o que o outro pensa ou sente é irrelevante.

O remédio para essa situação aparentemente sem saída é muito simples: pergunte. Deixe que a curiosidade seja seu guia para descobrir o que seu parceiro deseja e precisa receber de você. Quanto mais você souber quem ele é, menos cometerá o erro de anulá-lo.

Lembrar-se de que a pessoa que você ama não é você mesmo é um modo de se expor à alegria de conhecer a beleza da individualidade de outra alma. E a verdadeira essência do amor é a celebração das diferenças.

SEU AMADO NÃO TEM BOLA DE CRISTAL

Se eu ganhasse um dólar sempre que alguém me dissesse "Mas por que eu tenho que pedir? Ele deveria saber o que sinto/quero/penso", seria mais rica do que o Rei Midas e moraria em um castelo feito de tijolos de ouro.

O amor faz muitas coisas maravilhosas e mágicas, mas não nos transforma em adivinhos. Precisamos *dizer* ao outro o que queremos e *pedir* aquilo de que precisamos. E estou falando de DIZER e PEDIR. Se o único presente que você deseja ganhar pelo seu 30.º aniversário é um suéter azul, DIGA, ou pode acabar recebendo um conjunto de potes de cozinha. Se você quer que sua esposa use o vestido tomara-que-caia preto na festa de fim de ano da sua empresa, DIGA isso claramente, ou ela pode aparecer com aquela roupa florida que você detesta – não por falta de amor, mas porque não sabe o que você quer.

As pessoas costumam pensar que ganhar o que pediram torna o presente menos especial, mas, na verdade, descobrir que o outro o ama o suficiente para ouvir o que você deseja e lhe dar exatamente isso é ainda melhor. Significa que ele quer lhe agradar a ponto de lhe dar o que você realmente quer, seja aquele sofá novo, algum tempo sozinho, um par de brincos extravagantes ou simplesmente um ombro para chorar.

Realmente seria maravilhoso se seu parceiro pudesse ler sua mente. Seria ótimo se ele soubesse o que você quer e pudesse fazer isso aparecer como que por milagre. Abandonar a ilusão de que seu amado "simplesmente sabe" é deixar de acreditar na fantasia infantil de que seus pais poderiam lhe dar tudo o que você queria. É uma triste verdade, mas o amor tem limites e conseguir o que desejamos exige esforço.

Superada a perda da fantasia, quando se lembrar de que seu amor não é vidente, você se tornará mais direto e corajoso ao expressar seus desejos e necessidades. Dessa forma será mais provável que o outro os realize. Receber o que quer o tornará mais gentil, feliz e aberto. Você se sentirá mais capaz de amar e receberá mais amor. Então, por que não pedir o que deseja? Para não se esquecer, coloque um aviso em sua geladeira: MEU AMADO NÃO TEM BOLA DE CRISTAL!

AS SUPOSIÇÕES SÃO UM PERIGO PARA SUA VIDA AMOROSA

Presumir que você sabe o que o outro está pensando, sentindo ou fazendo pode gerar mágoas e criar uma barreira contra a intimidade. Observações do tipo "Gosto mais de você do que você de mim", "Você não precisa se preocupar com dinheiro", "Seu trabalho é muito mais fácil do que o meu", "Você nunca me escuta", "Você não tem quase nada para fazer hoje" fazem com que a pessoa amada se feche e nos limitam à nossa interpretação dos fatos. Na verdade, estamos afirmando: "Sei quem você é e o que está acontecendo. Não preciso de sua versão da história."

A pessoa que em tese está sendo "compreendida" pode considerar nossas suposições uma agressão. Elas são a simplificação de uma realidade complexa e a negação da essência do outro. Muitos de nós já sentimos o peso dessas suposições no relacionamento com nossos pais – "Você é preguiçoso. Nunca vai conseguir nada" – e podemos nos magoar facilmente quando alguém presume algo que não é verdade sobre nós.

Recentemente, testemunhei o seguinte diálogo na casa de uns amigos:

– Sei que você chegou tarde do trabalho só para me torturar. Você ainda está zangado por causa de ontem à noite e só queria me castigar mais um pouco – acusou Marta.

– Bem, na verdade.... – tentou se defender Fred.

– Pare com isso, sei que você está zangado. Pare de fingir.

– Não estou zangado. O que aconteceu de fato é que houve uma batida bem na minha frente e duas pessoas morreram. Tive que parar e chamar o Corpo de Bombeiros.

Em vez de perguntar por que Fred estava atrasado e tentar confortá-lo, Marta já havia tirado 1.001 conclusões. Fred estava abalado pelo acidente e a atitude da mulher só piorou a situação e fez com que ele realmente se zangasse.

As suposições roubam nossa individualidade e liberdade de expressão e afastam oportunidades, fazendo com que as pessoas se fechem ainda mais. Abandonar esse tipo de comportamento estimula o verdadeiro diálogo, permitindo que os parceiros mostrem quem realmente são e cada um descubra a beleza das particularidades do outro.

A COMUNICAÇÃO É O MILAGRE INTERPESSOAL

A maior queixa das pessoas quanto a seus relacionamentos é a "falta de comunicação". Na verdade, o que elas querem dizer é que não se sentem compreendidas, acolhidas, amadas e envolvidas. A maioria não acredita que isso seja possível. Bem no fundo, todos nós tememos estar sozinhos no universo, sem ninguém que possa nos entender. De fato, não devemos esperar que os outros nos conheçam perfeitamente, mas, se estivéssemos dispostos a revelar quem somos, ficaríamos surpresos com o grau de conhecimento que as pessoas podem adquirir.

Comunicar-se não é simplesmente falar, convencer o outro de nosso ponto de vista ou ter certeza de que fomos ouvidos. A comunicação é muito mais receptiva do que imaginamos. Significa ouvir, interiorizar, absorver e se permitir mudar com base no que nos foi dito. Falar sem ouvir é um empreendimento unilateral que não permite que a comunicação se complete. Mas, quando você fala e escuta, a conversa ganha reciprocidade e os dois parceiros sentem que se entendem.

A verdadeira comunicação, aquela que todos nós buscamos, é uma ligação espiritual. Pelo que um diz ao outro, descobrimos o que a pessoa amada pensa, sente e provavelmente como se comportará em determinada situação. A verdadeira comunicação consiste em nos conectarmos tão profundamente que a solidão some e sentimos em nosso íntimo que estamos em contato com a essência do outro.

Esse estado de ligação profunda não acontece por acaso, é conquistado pela prática constante da comunicação nos planos intelectual, sexual e emocional.

A comunicação exige coragem. Requer que você vá além do trivial em busca da verdade mais profunda sobre quem você é e o que sente. Exige que você se disponha a correr o risco de se abrir para o outro. Também é receptiva. Indica que você ama o suficiente para se deixar afetar – para se emocionar, mudar, crescer e se transformar – pelo que ouviu.

A verdadeira comunicação é um milagre interpessoal porque, em sua plenitude, tem a capacidade de nos ligar nos níveis mais profundos e inexprimíveis. Ela permite se colocar no lugar do outro, conhecer e ser conhecido por outro ser humano. É por meio dela que escancaramos as janelas de nossa alma para deixar entrar a luz de outra pessoa.

A COMUNICAÇÃO É UMA REVELAÇÃO, NÃO UMA DISPUTA

Todos queremos ser ouvidos, compreendidos e correspondidos. Muitas vezes, porém, não conseguimos, porque a maioria de nós não sabe se comunicar de verdade. Nossas conversas com a pessoa amada nem sempre contêm algo de significativo nem implicam que alguém tenha realmente sido ouvido.

A verdadeira comunicação é uma revelação, não uma disputa. Em vez de uma enxurrada de palavras sem sentido, desatentas ou egocêntricas, é uma troca de sentimentos e informações que pode tornar os dois mais abertos a uma percepção mútua maior e um amor mais profundo. A comunicação é dividida em quatro partes:

Falar: emitir palavras para comunicar alguma coisa. Normalmente, as mensagens se dividem em cinco categorias: sentimentos – "Estou decepcionado porque não consegui o aumento"; informações – "O show começa às duas horas"; pedidos – "Podemos tirar férias quando você estiver menos sobrecarregado no trabalho?"; súplicas – "Por favor, diga que vou passar nessa prova"; preferências – "Gosto mais do papel de parede liso".

Ouvir: estar receptivo à apreensão do significado do que está sendo dito. Ao ouvir, você tenta entender o que o outro está dizendo, em vez de simplesmente responder automaticamente.

Responder: comunicar com palavras o que você pensa que ouviu e como isso fez você se sentir.

Confirmar: declarar que você recebeu a resposta e indicar como ela o afetou.

A comunicação só se completa quando todos os quatro elementos – falar, ouvir, responder e confirmar – estão presentes. Quando falamos, expressamos quem somos e o que sentimos. Ao ouvir, captamos o significado do que foi dito e temos uma idéia de quem é o outro. Ao responder, indicamos que recebemos a mensagem e que nos importamos. Quando confirmamos a resposta, mostramos que estamos gratos pela atenção do outro.

A verdadeira comunicação busca ver e mostrar mais, em vez de manter as coisas como estão. Procura a revelação, a novidade a ser descoberta e traz uma resposta nova, de forma que mais revelações possam ser feitas. É estimulada pela compaixão, esse estado de espírito que permite expressar a verdade por meio do diálogo e que aprofunda o nível de intimidade, expandindo os limites do que pode ser revelado ao outro.

OS RELACIONAMENTOS TÊM DIFERENTES ESTAÇÕES

O amor não é somente o ímpeto de uma nova paixão. É também a união de duas pessoas que vão se conhecendo profundamente ao enfrentar provações e tempos difíceis. Os relacionamentos começam com a energia da primavera, o fervor lascivo de um novo amor, e passam, com o tempo, por várias estações. À medida que o amor progride, os dois ficam mais (ou menos) tempo juntos; há períodos em que um não tem nada a dizer ao outro e épocas em que parece impossível viver sem o parceiro.

Pessoas e circunstâncias externas exercem pressão sobre nosso amor: trabalho, família, filhos, problemas financeiros e de saúde, perdas causadas por separação ou morte. As mudanças podem abalar a estabilidade de um relacionamento – uma nova carreira, uma reforma na casa ou a transferência para outra cidade às vezes geram uma crise cuja culpa é facilmente atribuída ao outro. Até mesmo o medo e a incapacidade nos fazem duvidar de nosso amor e, inconscientemente, tentar destruí-lo.

Vários casais vivem fases difíceis, ocasiões em que se perguntam se algum dia será possível recuperar os sentimentos doces, excitantes e apaixonados que os levaram a ficar juntos. Às vezes esses momentos de crise parecem insuportáveis, mas na verdade indicam que o relacionamento está passando por um abalo emocional. Os parceiros devem reavaliar seus hábitos de convivência para que tanto eles quanto o próprio relacionamento possam atingir um nível mais elevado.

Quando atravessamos um desses períodos em que nos sentimos divididos ou desiludidos, precisamos lembrar que, exatamente como na natureza, as estações do amor se sucedem – a primavera de um novo romance amadurece e se transforma no verão da profundidade e da paixão, e o outono do coração aberto e do companheirismo tranqüilo cede lugar ao inverno, que às vezes faz com que você se sinta frio e distante.

Se você se lembrar de que os relacionamentos têm estações diferentes, não vai esperar que o seu permaneça sempre igual, mas acolherá as mudanças com alegria e buscará em você mesmo os recursos para se adaptar a elas.

Seja corajoso em relação ao seu amor. Encare os tempos difíceis como convites à transformação e agüente firme, lembrando-se de que as coisas que os uniram no começo ainda estão ao seu alcance. E saiba que, assim como as estações do ano, os bons tempos com certeza voltarão, revigorados pela história e pelo sofrimento que vocês compartilharam, abençoando e fazendo reviver o seu amor.

AS PRÁTICAS DO AMOR

DESENVOLVENDO SEU EU AMOROSO

AME A SI MESMO

Muitas pessoas acreditam que o amor é o milagre por meio do qual finalmente nos tornaremos seres humanos completos. Essa é a idéia de que o amor resolve tudo, de que não estamos bem como somos, mas que provaremos que não há nada de errado conosco se formos amados por alguém.

Ironicamente, porém, para ser amado da maneira correta, você precisa primeiro amar a si mesmo, pois nos relacionamentos não recebemos exatamente o que merecemos, mas o que PENSAMOS merecer. Assim como um proprietário de uma casa de 1 milhão de reais pode vendê-la por apenas 500 mil se pensar que é só o que ela vale, a pessoa que subestima seu próprio valor sempre receberá menos amor do que merece.

Se você não se tiver em alta conta, não pode ser afetado positivamente pela pessoa que valoriza as qualidades especiais que você não acredita ter. Se você não reconhecer e não amar o que possui de importante, especial, precioso e belo, com certeza ninguém lhe fará serenatas, mandará flores, fará elogios nem o cobrirá de beijos.

Amar a si mesmo é se conhecer, se gostar, se valorizar e entender que o autoconhecimento é uma tarefa que dura a vida inteira. Significa que você dá a si mesmo pelo menos o mesmo valor que dá ao seu amado e sabe que ele tem tanta sorte no amor quanto você. Significa que você não avalia seus pontos fortes e fracos segundo padrões exagerados de autodepreciação nem com a insensatez do egocentrismo, mas com autenticidade e precisão. Amar a si mesmo é perceber seus dons e talentos e colocá-los em prática, reconhecendo seus erros e perdoando-se por eles. É buscar o que há de melhor dentro de você.

Freqüentemente aceitamos um tratamento inferior no amor porque acreditamos que não merecemos mais do que isso. Mas seu amor-próprio é sempre o modelo de carinho que você pode esperar, a verdadeira medida do sentimento que vai dar e receber. Seu coração só pode ter tanto amor quanto você acreditar que ele é capaz de ter. Por isso, cuide melhor de si mesmo, acredite que merece ser bem tratado e então será incrivelmente amado.

DIGA O QUE VOCÊ SENTE

Os sentimentos são como um rio que corre por nossa consciência num fluxo contínuo. Mudam de medo, tristeza, vergonha e raiva para alegria, prazer, exuberância e divertimento. A qualquer momento podemos olhar para dentro de nós e descobrir o que estamos sentindo. Dizer o que sentimos é dar a esse fluxo de emoções uma linguagem audível.

Um modo de continuar se valorizando e cativar seu amado é revelar a ele suas marés emocionais. Muitas vezes acreditamos que a intimidade é criada pelo simples fato de nos apaixonarmos ou pelas coisas que fazemos, planejamos, compramos ou buscamos juntos. Mas, na realidade, é a descoberta da outra pessoa por meio da complexidade de suas emoções que faz com que você se sinta verdadeiramente ligado a ela. De fato, o ponto central de um relacionamento íntimo é a intensa troca de sentimentos.

É a revelação do que sentimos que faz a intimidade aumentar. Por meio das emoções, da capacidade de nos decepcionarmos e de termos prazer, medo e desejo, nos conectamos ao outro em um nível mais profundo. É por isso que, quando você expressa o que sente, faz com que seu parceiro se descubra através de você.

Paradoxal e infelizmente, quando amamos alguém, tendemos a não compartilhar mais nossas emoções e a centrar nossas conversas em bate-papos leves e informações objetivas, porque simplesmente não pensamos que o outro esteja interessado naquilo que nos deixa tristes, alegres, com medo ou com raiva. Assim, a proximidade pode acabar levando à falta de conhecimento.

Quer você acredite ou não, o que seu amado *deseja* é exatamente ver o caleidoscópio de suas emoções. É por isso que ele ama você.

Se você tiver dificuldade em expressar o que sente, precisa saber que vale a pena mergulhar nessas águas misteriosas e descobrir os tesouros escondidos lá no fundo. Seu parceiro ficará satisfeito em se conectar a você, e a experiência de descobrir e identificar seus sentimentos lhe proporcionará mais riqueza interior. Por isso, deixe que a pessoa que você ama mergulhe na correnteza de suas emoções, para que ela possa tratá-lo ainda com mais carinho e amor. Para isso, comece a dizer, com freqüência e clareza, o que está em seu coração e em sua mente.

PEÇA O QUE VOCÊ QUER

Para pedir o que você quer, basta dizer o que está faltando ou que necessita de atenção ou resposta: "Você pode fechar a janela, por gentileza? Estou morrendo de frio"; "Por favor, me abrace. Estou com medo"; "Você poderia me fazer uma massagem nas costas? Meus ombros estão doendo"; "Será que você poderia deixar de assistir ao jogo de futebol para ir ao cinema comigo? Fiquei em casa sozinha o dia inteiro e preciso sair um pouco".

Pedir aquilo de que você precisa é tão simples e ao mesmo tempo tão complicado que a maioria de nós raramente – ou nunca – faz isso. De fato, por ser tão difícil (ou fácil), preferimos tentar de tudo antes de pedir o que queremos de modo claro e direto. Em vez disso, supomos que nosso amado vai saber sem que tenhamos de dizer nada, ou esperamos que, com o tempo, ele descubra por osmose. Muitas vezes simplesmente desistimos das coisas para não sermos obrigados a pedir.

Não gostamos de pedir porque pensamos que isso é revelar uma carência – e é. Pedir significa que estamos vulneráveis e que esperamos que o outro se preocupe o suficiente para cuidar de nós em nosso estado lamentável, imperfeito e inadequado.

Infelizmente, quando estamos apaixonados, achamos que devemos ser perfeitos e invulneráveis. É como se acreditássemos que apenas aqueles que não necessitam de absolutamente nada podem ser amados. Mas, na realidade, o amor cuida de nossas vulnerabilidades e tem o dom de fazer por nós o que não podemos fazer sozinhos.

Ao pedir aquilo de que precisa, você revela sua fragilidade humana e convida a pessoa que o ama a superar os próprios limites. Atender a um pedido não só dá à pessoa carente o alívio de ter sua necessidade satisfeita, como também faz o doador sentir que é útil e que ofereceu um presente valioso. Nessas ocasiões, os dois estão ampliando os limites de seu amor e de sua humanidade.

Além do mais, o fato de pedir alguma coisa não implica que você a receberá. Não há nenhuma garantia disso – querer que seu parceiro compre um Porsche para você não significa que ele tenha os recursos necessários para isso. Quando você ainda está aprendendo a pedir, não obter resultados pode ser desestimulante. Lembre-se apenas de que pedir aumenta muito suas chances de receber o que quer. Quanto mais você pedir, maior a probabilidade de ter sua necessidade atendida.

TENHA CORAGEM EMOCIONAL

Muitos de nós somos covardes emocionais, apavorados demais para dizer o que realmente sentimos. Os covardes emocionais têm medo de que os outros os ignorem, ridicularizem ou zombem deles e, em vez de correr o risco de se expressar, se calam. Muitas vezes até defendem sua atitude dizendo que de nada adianta falar de sentimentos. Mas as emoções reprimidas, abafadas ou anestesiadas sempre custam caro, seja psicológica, emocional ou espiritualmente.

Essa covardia emocional costuma ter origem na infância. As crianças que percebem que ninguém dá importância ao que dizem, tampouco compartilha suas angústias, passam a ter medo de seus sentimentos, e com isso guardam seus pensamentos e emoções para si mesmas.

Ter coragem emocional significa que agora, apesar das possíveis conseqüências negativas, você se arriscará a demonstrar o que sente e a acreditar em um final feliz. É provável que tudo realmente dê certo, pois a revelação de nossas fragilidades quase sempre nos une mais aos nossos parceiros.

Laura, por exemplo, temia contar a Ronaldo que tinha sofrido abuso sexual quando criança. Tinha medo de que ele a visse como uma pessoa suja, tivesse nojo dela e a rejeitasse. Entretanto, quando ela finalmente reuniu coragem para conversar sobre o assunto, Ronaldo se mostrou extremamente solidário. Ele a abraçou com ternura e lhe disse quanto lamentava, e ela pôde chorar abertamente em seus braços.

Não são só os grandes segredos que temos medo de revelar. Muitos não se sentem à vontade de dizer qualquer coisa que possa contrariar o parceiro ou gerar algum confronto: "Não quero comer comida indiana. Quero ir a um restaurante italiano"; "Fiquei chateado por você não ter feito amor comigo na noite passada"; "Espero que você se lembre do meu aniversário, senão vou ficar muito decepcionada". Mas são exatamente as coisas que você mais teme dizer ao seu amado que revelarão a ele quem você é.

Você quer ter coragem emocional? Então, sempre que se sentir incomodado por não expor o que tem em mente, tente se perguntar: *O que estou deixando de dizer?* E depois se pergunte: *Por que não estou dizendo isso AGORA mesmo?* Pode ser que haja uma boa razão: ele acabou de ser despedido, as crianças estão chorando, você precisa sair em cinco minutos para uma reunião importante, sua sogra está ao telefone. Nesses casos, talvez seja melhor guardar seus comentários para mais tarde. Mas, se não houver um motivo prático e válido para não falar IMEDIATAMENTE, apenas abra a boca e diga o que tem a dizer. Você se sentirá bem e seu relacionamento vai melhorar, já que as duas partes se mostrarão como realmente são.

REVELE O QUE FAZ VOCÊ SE SENTIR AMADO

Cristina se apaixonou por Tiago porque, em seu primeiro encontro, ele apareceu na casa dela vestindo uma camisa xadrez preta e vermelha de flanela, com duas garrafas de cerveja, uma baguete e mortadela. "Foi ótimo", disse ela, "ele acreditou em mim quando eu disse que amava mortadela".

Sua melhor amiga, Tânia, não ficou impressionada: "Se alguém viesse me buscar para sair trazendo pão e mortadela, talvez eu não me sentisse ofendida, mas com certeza não ficaria satisfeita. Um buquê de rosas seria muito melhor."

Como provam as diferentes opiniões de Cristina e Tânia, por mais que a pessoa que nos ama tente nos agradar, nada funcionará se não for da maneira como gostamos. Muitas pessoas esperam que seus parceiros saibam automática e exatamente o que as faz se sentirem amadas e quando, onde e como essas coisas devem ser feitas.

A mensagem aqui é o que chamo de "teoria do pão com mortadela". Se é isso que faz você se sentir amado, então é melhor pedir que seu parceiro lhe dê pão com mortadela. Isso significa simplesmente que todos têm suas próprias preferências, sejam elas comuns ou estranhas, e que, se você não disser quais são as suas, ninguém vai conseguir fazê-lo feliz.

Conscientemente ou não, todos nós temos uma lista secreta do que nos faz sentir queridos: ele ter sua foto na carteira, lhe fazer cafuné, preparar o jantar, ela usar sua blusa azul favorita para ir à academia... O que você incluiria em sua lista? Pense nisso, escreva e compartilhe com seu parceiro.

É claro você nunca vai ser amado completa e exatamente como deseja. Mas dê ao seu parceiro a chance de fazer você se sentir o mais querido possível mostrando a ele sua lista.

Apesar de as pessoas freqüentemente alegarem que "Se eu falar, perde a graça", a verdade é que ninguém é capaz de adivinhar os diversos itens da lista de outra pessoa. Se você ficar esperando por isso, pode passar a vida inteira sem conseguir o que quer. Obter o que está em sua lista fará você se sentir *realmente* amado, mesmo se tiver que prendê-la na parede do banheiro ou publicá-la no jornal de domingo.

Portanto, dê ao seu companheiro uma chance de amar você de verdade. Faça sua lista de amor.

REVELE SUA FANTASIA AMOROSA

Todos nós temos uma fantasia amorosa, uma imagem idealizada do que nos faria sentir amados. Essa fantasia representa a realização de nosso maior desejo, o que não acreditamos que vá acontecer, mas que, lá no fundo, ainda esperamos que um dia se torne real. Quaisquer que sejam seus componentes mágicos, ela é tão secreta que muitas vezes nem mesmo nós temos consciência dela.

Quando você revela sua fantasia, permite a si mesmo e a seu parceiro conhecer exatamente o que lhe daria a sensação de ser amado e especial: um objeto (raquetes de tênis com suas iniciais gravadas), uma atitude (declarações de amor), um clima (certo tipo de música) ou uma preferência sexual (o modo como você gostaria de fazer amor). Você pode sonhar tanto com uma situação específica como com um estilo de vida ou uma emoção: "Eu me sentiria realmente amado se a mulher da minha vida dormisse a noite inteira com a cabeça no meu peito"; "Eu adoraria ter uma festa de aniversário ao ar livre, com todos vestidos de branco, lanternas nas árvores e uma banda tocando ao vivo"; "Eu queria uma mulher que fosse ao estádio de futebol comigo assistir às finais do campeonato"; "Meu sonho é ir a Paris com a pessoa amada".

Seja qual for seu desejo, seu parceiro precisa conhecê-lo. Nossos sonhos nem sempre poderão ser realizados, mas as chances de isso acontecer se tornam imediatamente nulas se não falarmos sobre eles.

O primeiro passo para transformar sua fantasia em realidade é permitir a si mesmo descobri-la e ter coragem de revelá-la em toda sua deliciosa extravagância à pessoa que você ama, pois só assim ela poderá torná-la real. Talvez ela não consiga dormir a noite inteira com a cabeça em seu peito, mas pode fazer isso pelo menos por alguns minutos todas as noites. Talvez ele não tenha dinheiro para encher sua casa de rosas agora, mas pode lhe dar um buquê e se lembrar de trazer o restante quando sua situação financeira melhorar.

Portanto não guarde segredo. Conte tudo. Dê ao seu parceiro a chance de amar você exatamente como você quer. Arrisque-se a se sentir plenamente feliz!

NÃO SE COBRE DEMAIS

Não importa se você entrou numa briga ou se foi covarde demais para iniciar uma discussão, se teve ou não um orgasmo, se leva muito tempo para tomar uma decisão ou se decide tudo impulsivamente, se desperdiça dinheiro ou é avarento, se é obsessivo por limpeza ou desleixado – quaisquer que sejam seus hábitos, preferências, atitudes ou expectativas, você sempre pode se culpar por tudo que der errado em seu relacionamento.

Roberto se torturou durante anos por sempre adiar por várias semanas qualquer decisão importante que ele e Jane tivessem de tomar. Ele analisava a situação, dormia pensando nela, consultava seus "agentes secretos" e, muito depois de Jane ter decidido e já estar impaciente, finalmente resolvia.

Certa vez, esse hábito que Roberto tinha de "cozinhar as coisas" – como Jane o chamava – fez com que eles perdessem a chance de comprar a casa de seus sonhos. Roberto estava tão ocupado analisando todas as opções e verificando as diferentes possibilidades de empréstimo que, depois de três semanas, o imóvel foi comprado por outra pessoa. Apesar de ter ficado desapontada, Jane se recuperou rapidamente: "Essas coisas acontecem. Não se preocupe, vamos encontrar outra ainda melhor."

Mas, mesmo muito tempo depois de terem se mudado para uma casa maravilhosa, Roberto ainda se torturava por causa da perda provocada por sua indecisão: "Eu devia ter ouvido Jane. Não precisava ter sido tão perfeccionista em relação a cada detalhe. Sou uma pessoa sem iniciativa. Por que não consigo simplesmente tomar uma decisão?"

A verdade é que, não importa se agimos precipitadamente ou se deixamos de realizar as coisas a tempo, todos estamos fazendo o melhor possível. Ficar se culpando ou se lembrando constantemente de seus erros não vai melhorar a situação. Olhe para você mesmo com compaixão. Divirta-se com suas pequenas idiossincrasias. Reconheça que não há nada errado em ser você mesmo. Não se importe em ser diferente dos outros.

Não se cobrar demais significa que você se aceita como é, se perdoa por seus erros e segue em frente, amando e reconhecendo suas fraquezas e seu jeito próprio de ser. Você só poderá ser benevolente e compreensivo com a pessoa amada se for gentil com você mesmo. Portanto não se cobre demais e aceite que você é bom exatamente como é.

CUIDANDO DE SEU AMADO

CELEBRE O QUE É ESPECIAL E VALORIZE O TRIVIAL

Todos nós nos apaixonamos por alguma razão. Apesar dos defeitos e falhas da pessoa amada, ela tem algo de muito especial e raro que sempre volta à sua mente e que, pelo menos para você, é a principal razão para ter se apaixonado.

Destacar essa qualidade para seu amado e falar sobre ela com seus amigos e filhos ajudará você a manter seu amor sempre renovado e cheio de vida. Todos gostamos de ouvir como somos maravilhosos: "Você é tão organizada. Se não fosse por você, eu teria ido para o escritório sem minha pasta"; "Você é tão calmo. Sem seu equilíbrio, eu provavelmente já estaria num hospício"; "Você sempre sabe exatamente o que dizer para que eu me sinta melhor".

Os elogios são o alimento verbal da alma. Eles elevam a auto-estima e constroem a essência das pessoas, fazendo com que elas tenham uma nova percepção de si mesmas e revelando toda sua beleza.

Ao celebrar o que é especial, você não só se tornará mais consciente do valor do outro, mas do *seu* também. Afinal, você não estaria com uma pessoa tão maravilhosa se também não fosse muito especial. Ao admirar a beleza de sua esposa, você é lembrado de seu próprio valor. Ao apreciar a sensibilidade de seu marido, você percebe que é o tipo de pessoa que estimula o florescimento desse refinamento emocional.

Desse modo, confirmamos que temos sorte no amor, mas também que somos dignos de ser amados. Por isso, elogie muito a pessoa amada tanto por suas características especiais quanto pelas tarefas triviais entediantes e por vezes desagradáveis que ela realiza no dia-a-dia.

O fato de praticarmos continuamente gestos como limpar a sujeira do cachorro, brincar da mesma coisa 30 vezes com seu filho de três anos, preparar o jantar às oito da noite após um dia de trabalho exaustivo é uma prova do amor que sentimos pelo outro.

Valorizar esses atos tão simples – "O jantar que você fez para meu chefe estava ótimo"; "Obrigado por limpar o armário"; "Fico feliz que você se lembre de comprar leite para mim"; "Obrigado por você sempre pagar as contas" – torna o trivial suportável.

Quando recebemos elogios por essas tarefas, não somente temos a sensação de que elas são valorizadas, mas também de que nosso parceiro sabe que as fazemos por amor. Em especial no casamento, é comum nos transformarmos na empregada ou no Sr. Faz-tudo e termos a sensação de que nossa única ligação com o outro são os serviços ou consertos domésticos. Mas, quando elogiamos essas atribuições tão comuns, reconhecemos que elas não são a maior vocação a que podemos aspirar.

Os elogios fazem com que a outra pessoa se sinta feliz de realizar as pequenas tarefas corriqueiras e por vezes desagradáveis da vida. E, ao expressarmos quanto valorizamos nosso parceiro por executar essas tarefas simples, as mantemos em dia e nos lembramos de que amamos o outro por razões muito mais elevadas, profundas e especiais.

Portanto não deixe de dar atenção a seu parceiro, não se esqueça de como ele é especial nem de tudo o que faz por você. Encontre um modo de se lembrar dessas coisas: cole um bilhete no espelho ou escreva um lembrete para você mesmo e coloque-o em sua gaveta de roupas íntimas. Elogiar o outro é um modo simples de superar os altos e baixos da vida.

TORNE O TRIVIAL EXTRAORDINÁRIO

Parte da graciosidade do amor é o fato de ele tornar mais significativos até mesmo os gestos mais simples do dia-a-dia, transformar o corriqueiro em incomum, fazer do familiar algo mágico. Tornar o trivial extraordinário é realizar uma tarefa banal sem que haja qualquer necessidade. Nestes nossos dias em que tudo é instantâneo, o que antes era simples se tornou incrivelmente especial – é um luxo comer uma torta feita em casa, usar uma meia tricotada à mão, ter uma prateleira feita sob medida por nosso parceiro.

De vez em quando, Sérgio dá a Joana um envelope cheio de cupons em troca dos quais engraxa os sapatos dela, amola as facas, planta flores nos vasos na varanda e limpa a terrível bagunça do armário da garagem. Já Diana conserta as camisas de Jorge e prega seus botões. Uma vez por ano, quando ele não está em casa, ela passa um dia inteiro arrumando seu armário e consertando todas as peças que precisam de reparo. "É algo extremamente especial e muito carinhoso, porque sei que ela não tem tempo para isso", diz Jorge.

Às vezes, para tornar o trivial extraordinário, basta criar a oportunidade de fazer alguma coisa bem corriqueira juntos. Sempre que oferecem um jantar, Betina e José lavam os pratos a dois, apesar de terem uma lava-louças. "Gostamos muito de fazer isso. Há algo na água quente com sabão e nos panos de prato macios que faz tudo parecer fácil. Para nós, é um momento de descontração, quando falamos sobre as pessoas no jantar, nos comparamos com nossos amigos e nos lembramos do que temos. Acabamos descobrindo algumas coisas realmente surpreendentes. Normalmente nunca tocaríamos nos assuntos que surgem nessas conversas à beira da pia, mas há algo que nos dá muita segurança no simples fato de estarmos ali, juntos e relaxados."

Ao tornarem o trivial extraordinário, vocês expressam de modo muito simples o amor que sentem pelo outro. Lembram-se de que uniram seus destinos e querem passar a vida inteira juntos. E, como em nosso inconsciente o corriqueiro está relacionado a tempos descomplicados, ele se transforma num bálsamo maravilhoso para vidas sobrecarregadas pelo estresse. Não importa quanto a vida possa se tornar difícil, alguns dos gestos mais doces e reconfortantes do amor são realmente muito simples.

MANTENHA SUA PALAVRA

As palavras – e o fato de nossos atos estarem ou não de acordo com elas – têm uma capacidade incrível de nos ferir ou curar. Elas são capazes de criar a realidade, pois costumamos basear nossas esperanças, medos e expectativas no que os outros dizem. Por isso, para manter o amor vivo em sua vida, seja uma pessoa de palavra.

Manter a palavra gera confiança em um relacionamento. Significa não só que você cumprirá suas promessas, mas também que dirá o que pensa e fará o que diz.

Nada desgasta um relacionamento de modo tão consistente ou profundo quanto o excesso de promessas não cumpridas. As maiores traições na vida de muitos de nós vieram na forma de mentiras: "Ele disse que trabalhava até tarde no escritório, mas estava tendo um caso o tempo todo"; "Meu pai prometeu viajar comigo para a Europa, mas se casou de novo e levou minha madrasta em meu lugar"; "Ela jurou que os dois eram só amigos, mas depois descobri que ela estava apaixonada por ele havia anos".

Podemos ser rápida e profundamente abalados ao nos depararmos com promessas não cumpridas, pois, no passado, já fomos feridos por palavras. Todos nós gostaríamos de acreditar que nossos parceiros terão uma paciência infinita e que sempre aceitarão que não digamos exatamente o que pensamos ou a verdade.

Na realidade, porém, nosso coração só pode suportar um pequeno número de mentiras inofensivas ou de promessas quebradas sem querer. Em algum momento, nossa confiança começa a ser abalada. Então passamos a notar quantas vezes nosso parceiro não fez o que prometeu e, de um modo muito sutil, deixamos de acreditar em sua palavra. Sem nos darmos conta, passamos a não lhe dar ouvidos e a não confiar nele, mesmo quando está sendo sincero.

Então, exceto por imprevistos inevitáveis – você prometeu ir à festa da faculdade dele, mas está de cama com dor nas costas desde a noite anterior –, faça o possível para dizer a verdade e cumprir o que promete. Desse modo, você construirá em seu relacionamento uma fortaleza de confiança que lhe permitirá saborear as palavras apaixonadas e os elogios – marcas da autenticidade de um amor duradouro.

CRITIQUE EM PARTICULAR

Todos nós fazemos coisas que não são exatamente perfeitas: alguns falam rápido demais e interrompem constantemente a conversa; outros estão sempre atrasados, são displicentes nas tarefas domésticas ou lentos em seu trabalho. Nossos erros já são suficientemente vergonhosos para nós e não precisamos que sejam discutidos em público.

Fazer essas queixas aparentemente inocentes e pequenas – "Você nunca se lembra de tirar o lixo"; "Você sempre derrama alguma coisa na camisa nova" –, mesmo que de brincadeira, na presença de amigos, do encanador, de uma tia ou de sua sogra degrada o outro e o faz se sentir pequeno, sem valor e punido diante de pessoas entre as quais ele gostaria de se sentir inteiro, eficiente e valorizado, além de não fortalecer muito o relacionamento.

Será que você teria a mesma boa vontade para levar o carro de sua esposa para a oficina se, quando fosse encontrá-la no escritório, ela reclamasse na frente do chefe que você demorou muito?

As recriminações remetem a um sentimento de inadequação e impotência, marca de quando éramos pequenos e estávamos à mercê de nossos pais. Por isso, é duplamente doloroso sermos lembrados de nossos erros, deficiências e imperfeições diante de pessoas que não fazem parte de nosso círculo íntimo e que não podemos esperar que nos compreendam e perdoem.

É verdade que todos nós temos defeitos que merecem ser apontados. Mas isso deve ser feito na intimidade, para nos inspirar a mudar. Na verdade, tanto a crítica quanto o encorajamento podem indicar um novo caminho e, por isso, têm uma função maravilhosamente criativa.

Mas, quando a crítica é feita em público, rouba nossa dignidade e, longe de corrigir o que precisa ser corrigido, provoca medo e retraimento. Começamos a sentir que não somos dignos de aceitação e, para virar o jogo, rejeitamos nosso parceiro, até que o relacionamento se transforme, aos olhos dos outros, numa espiral decadente e vingativa de provocação, julgamento e humilhação.

As críticas em público são o oposto do apoio e da intimidade em um relacionamento amoroso. A recriminação é um ato de humilhação, e não um convite à mudança. Preserve seu amor mantendo silêncio a respeito das coisas que gostaria de corrigir até que vocês estejam na sua privacidade.

FAÇA O INESPERADO

No dia do aniversário de seu marido, Mateus, Sara comprou um bolo e o esperou em casa de meias arrastão pretas, cartola e casaca, para cantar "Parabéns pra você". Jonas disse a Ana que precisava comprar pilhas para a máquina fotográfica e perguntou se ela gostaria de ir junto. Então a levou até o parque, tirou uma cesta de piquenique e um maravilhoso buquê de rosas vermelhas da mala do carro e, sob a sombra das árvores, a pediu em casamento. Susana às vezes põe flores de laranjeira na banheira para Francisco, e ele lhe faz serenatas sob a varanda do quarto. Sheila deixa bilhetinhos românticos entre as camisetas dobradas de Bruno e ele compra camisolas novas para ela, "sem nenhuma razão especial".

Todo mundo gosta de surpresas, de coisas inesperadas, incomuns, do tesouro escondido, do coelho na cartola. Esse acontecimento diferente nos tira o fôlego e dá tempero à nossa vida. Jogue pétalas de rosa sobre a cama, coloque bilhetes de amor na geladeira, leia histórias para seu amor na hora de dormir, esconda entradas para o teatro debaixo do travesseiro, deixe uma mensagem erótica na secretária eletrônica, ligue só para declarar seu amor, sirva um jantar à luz de velas na cama, finja que está dormindo e depois acorde seu parceiro para fazer amor.

Fazer o inesperado surte efeitos maravilhosos: dá a você a oportunidade de se divertir com sua própria imaginação e de usar sua criatividade (talvez negligenciada), permite que seu parceiro se sinta especial e anima o relacionamento.

É fácil cair na mesmice. As coisas de sempre podem ser feitas a qualquer momento. É o excepcional que faz o amor parecer amor e não uma monótona e insossa rotina a dois. Por isso faça o inesperado sempre que puder e veja seu amor se transformar da água para o vinho.

COMPORTE-SE BEM EM PÚBLICO

Seu relacionamento, assim como você, passa uma imagem. Você e seu amado se juntaram para expressar, entre outras coisas, que a união de duas pessoas é valiosa e bela. Valorizar sua relação e seu parceiro significa que, sempre que estiver em público, você vai tratá-lo como o tesouro que ele é.

Comportar-se bem em público significa que você não vai flertar com outra pessoa para provocar seu amor (nem por qualquer outro motivo), não vai compará-lo a outros, zombar dele ou ser grosseiro.

Passar a festa inteira olhando para aquela loura escultural só vai servir para transformar sua esposa em uma velha rabugenta ou, pior ainda, em uma amante desinteressada quando chegar em casa. Também não faça com que ele se sinta mal porque você não pára de falar do astro de rock que apareceu no jantar beneficente. E não dê a impressão de ter escolhido o cara errado ao criticar seu amado durante um churrasco com os vizinhos.

Claro que ela tem seus defeitos. É óbvio que ele não é perfeito. Mas ninguém mais precisa saber disso. Não compare nenhuma das características da pessoa amada – aparência, modos, qualidades, pontos fracos ou conta bancária – com as de alguém que você encontrou em um evento social. É doloroso ser comparado aos outros.

E, acima de tudo, não briguem em público. O jantar de fim de ano da empresa não é o Teatro Municipal. Só porque vocês não conseguiram resolver seus problemas antes de sair de casa ou seu companheiro disse algo que magoou você, isso não significa que devem resolver o caso diante de uma platéia. Não aumente o grau de ofensa de seus insultos permitindo que outras pessoas façam piadas sobre eles. Lave a roupa suja em casa.

Quando nos comportamos mal em público, fazemos não só nosso parceiro como a nós mesmos de bobos – nós por termos escolhido uma pessoa tão inadequada, e ele por aceitar ser rebaixado ou maltratado.

Flertar, comparar a pessoa amada a outras, zombar dela e brigar em público são práticas que podem provocar finas rachaduras em seu relacionamento. Ninguém merece passar por situações irracionais e vulgares.

O amor precisa ser nutrido, livre de ameaças ou abusos. Comportar-se bem em público significa que você se preocupa o suficiente para fazer seu amado se sentir à vontade e levar o mundo a honrar e admirar a pessoa que você escolheu e o relacionamento que vocês construíram.

CUBRAM-SE DE BEIJOS

Um relacionamento sempre precisa ser selado com um beijo. Mesmo quando a fase da conquista termina, seu amor precisa ser constante e repetidamente afirmado com um monte de beijos, pois eles são o sinal de que amamos e valorizamos o outro.

Os beijos, assim como os bombons no dia dos namorados, podem manifestar nossas pequenas (e grandes) mensagens de amor. Eles são a mais doce e simples expressão desse sentimento. Toda vez que nos beijamos estamos fortalecendo nossos laços.

Assim como os beijos são o portal para a sensualidade em um novo romance, são também o que mantém a atração sexual viva num amor antigo. São o símbolo do contato apaixonado, o modo como dizemos que nos amamos e que queremos fazer amor.

Mas os beijos não são simples chaves para o sexo; também têm poder e beleza próprios, além de um sem-número de significados. Podem ser o sinal de que o amor verdadeiro está prestes a desabrochar, o laço afetivo que une duas pessoas ou o contraponto da paixão. Sem palavras, eles dizem tudo: "Cheguei"; "Parabéns"; "Sou louco por você"; "Quero você"; "Sou todo seu"; "Perdoe-me". Qualquer que seja sua função específica no momento, eles expressam nossa vontade de estar junto ao outro, de vir para casa e abraçar espiritualmente quem beijamos.

Os beijos são o alimento do amor. Fazem com que nos sintamos... beijados. Escolhidos, desejados, poderosos, belos, sensuais, alegres, felizes, despreocupados, invencíveis, AMADOS. Eles transformam nossa experiência cotidiana e banal em uma aventura deliciosa e extraordinária, prendem nossa atenção e expressam nossas melhores intenções.

Nunca subestime o poder de um beijo.

DIGA PALAVRAS ROMÂNTICAS

Todos queremos ouvir quanto e exatamente por que somos amados. Mesmo depois de sermos escolhidos e de nos amarrarmos a alguém, ainda precisamos da reafirmação verbal desse amor. Temos necessidade de nos sentirmos valorizados, especiais, deliciosos, preciosos e insubstituíveis para nosso parceiro. Queremos que ele reconheça que somos maravilhosos e que nos diga que nos ama acima de tudo.

Freqüentemente pensamos que simplesmente sentir tem o mesmo efeito que falar sobre os sentimentos, mas isso não é verdade. As palavras significam muito para todos nós. Ninguém é tão seguro de seu valor e tão firme em suas convicções que não necessite ouvir por que, como e quanto é amado.

Precisamos que nos DIGAM isso do fundo do coração. Não há comparação entre o vago "Claro que eu amo você" e o direto "Você é meu amor. Quero ficar com você para sempre", nem entre o silêncio e "Você é a luz da minha vida".

Apesar de algumas pessoas acharem isso piegas, até mesmo no mais frio dos corações existe alguém que deseja ser adorado. Há um romântico escondido em cada um de nós, que já se apaixonou, se encantou pela música e pela luz da lua, e que prendeu a respiração à espera das palavras que anunciavam um novo amor: "Não posso viver sem você." E ouvir isso apenas uma vez não foi – nem nunca será – suficiente, pois, mesmo que fosse possível, não desejaríamos simplesmente acreditar no amor que o outro sente por nós. Queremos ter nossos corações preenchidos por palavras amorosas constantemente repetidas.

Então chame seu amor por algum apelido especial e diga sempre do que você mais gosta nele e por que você o ama tanto. Fale as coisas melosas que você achava que só eram ditas nos filmes – o que houver de mais romântico, erótico e delicioso: "Você é a mulher dos meus sonhos"; "Eu amo você demais"; "Você é meu anjo"; "Você é um homem maravilhoso"; "Você é um amante incrível".

As declarações de amor são um elixir para a paixão, um bálsamo para um romance desgastado. A vida é repleta de pequenos problemas cotidianos e mesquinharias e não há razão para que o amor também seja assim. O que buscamos nele é exatamente o oposto: a magia. E as palavras são as asas do romance, o modo pelo qual superamos o que é exaustivo e banal. Nada é tão eficiente em manter o alto nível de um relacionamento quanto palavras românticas ditas generosa e infinitamente.

PEÇA POR FAVOR

Parece incrivelmente simplista, mas nossos relacionamentos melhorariam consideravelmente se nos lembrássemos de pedir por favor: "Por favor, me acorde antes de sair"; "Por favor, feche a porta"; "Por favor, ligue para sua mãe e diga a ela que não poderemos ir ao jantar esta semana"; "Por favor, me ajude a podar as plantas"; "Por favor, me beije".

Apesar de parecer algo dispensável agora que vocês se conhecem bem, ou mesmo uma volta à velha etiqueta infantil, pedir por favor não é desnecessário. Significa que você não está menosprezando a outra pessoa, e reconhece que um relacionamento é, entre outras coisas, uma troca incessante de gentilezas e favores, feitos com facilidade ou com muito esforço.

"Por favor" é a senha que garante que você nunca deixará seu relacionamento se transformar numa constante troca de ordens: "Passe a manteiga"; "Apague as luzes"; "Compre a comida do cachorro quando voltar para casa". Não se deve falar com ninguém dessa forma.

Ao pedir "por favor", reconhecemos inconscientemente uma das grandes bênçãos de estar apaixonado: a presença da outra pessoa em nossas vidas. Somos gratos pelo fato de ela estar ali para nos ajudar e a valorizamos o suficiente para homenageá-la pedindo por favor.

Esse também é um modo de respeitar a pessoa amada, de reconhecer que o que ela faz por você nem sempre é fácil ou divertido. É ter consciência de que, não importa há quanto tempo vocês estejam juntos, quanto se amem e se sintam à vontade para pedir ou esperar alguma coisa do outro, até mesmo o menor dos favores em seu relacionamento exige um esforço amoroso.

Pedir "por favor" é um modo de ter seu amado em alta conta, de se dirigir a ele como alguém que sempre merecerá ser tratado com boas maneiras. É como lustrar a prataria. Dá a profundidade dos reflexos e da gentileza ao seu amor e o brilho da cordialidade aos gestos mais comuns.

DÊ MAIS PRESENTES

Os presentes animam e alegram nossos corações, nos fazem nos sentirmos mimados, especiais e dignos dos prazeres deliciosamente irracionais da vida. Apesar de sabermos que, no fundo, o amor é uma união mística e espiritual, vivemos no mundo cotidiano e material, por isso os presentes nos dão uma sensação de esperança e de alegria por estarmos vivos.

Eles concretizam o amor. Não apenas são os talismãs de momentos especiais – como o anel de noivado, o relógio de dia dos namorados, o colar de aniversário de casamento –, mas também a evidência material do amor de quem os oferece e do valor de quem os recebe. Quando você vai para a ginástica com aquela linda camiseta com um coração pintado, fica toda orgulhosa ao lembrar que ele realmente a ama. Quando leva para o trabalho aquela pasta maravilhosa que sua esposa lhe deu, sabe que ela acha você o máximo.

Então, dê mais presentes. Não espere pelas ocasiões especiais. Compre algo desnecessário, bobo, emocionante, o presente que diz que você o ama e que o conhece a fundo. Não importa se é tolo, sério, generoso ou criativo: a caixa de porcelana com laço cor-de-rosa, o ursinho de pelúcia felpudo, a bolsa de ginástica com cinco pares de meias, a garrafa térmica do futuro, a caneta de design arrojado.

Não precisa ser nada caro. De vez em quando Denise compra alguns bombons para o marido e ele sempre fica encantado. Também não precisa ser algo material. Dar ao outro o grande presente do tempo – tomar um banho de espuma sem a interrupção das crianças, jogar uma partida de boliche, ir dormir mais tarde – é algo raro e maravilhoso. O que importa não é o presente em si, mas que você pense em presentear e o faça com muito amor.

Se você tem problemas em dar ou ganhar presentes, talvez seja por não ter recebido os agrados e mimos desejados na infância, e isso ainda pode lhe trazer lembranças dolorosas. Talvez tenha existido alguém em sua vida a quem você nunca conseguiu agradar, e agora tem medo de escolher algo errado para o seu amor. Ou talvez ninguém o tenha ensinado a dar e receber presentes. Qualquer que seja a razão, você está perdendo algo maravilhoso: a chance de se alegrar. Se você for tímido demais para dar alguma coisa, converse com a pessoa amada sobre o que o incomoda ou o bloqueia – isso já será um presente.

No entanto, nem todos têm problemas com isso. Se você já é um campeão na arte de presentear, dê asas ao seu talento. Não importa o tipo de pessoa que você é – comece agora mesmo a melhorar seu relacionamento dando mais presentes.

OFEREÇA AJUDA

Estamos tão ocupados com nossas próprias tarefas e com o que somos obrigados a produzir para nosso trabalho, companheiro e/ou nossos filhos que não temos tempo nem vontade de fazer mais nada. Mesmo sem ajudar ninguém, já temos mais do que o suficiente para nos manter ocupados. Justamente por isso oferecer ajuda é uma gentileza que pode tornar seu relacionamento ainda mais agradável.

Oferecer ajuda é mais do que estar disposto a dividir a carga das tarefas. É um modo de dizer que queremos participar das obrigações de nosso parceiro simplesmente porque o amamos: "Querido, vi que você ficou acordado a noite toda preparando a declaração de imposto de renda. Tem alguma coisa que eu possa fazer para ajudá-lo?"; "Você precisa de uma mãozinha com as compras?"; "Sua gripe está piorando. Quer que eu pegue um remédio para tosse?"; "Você parece realmente triste. Gostaria de falar sobre isso?".

A ajuda pode vir de várias formas. Pode ser um consolo verbal (dizer que tudo vai dar certo), um auxílio físico (ajudar a lavar a louça), um conforto emocional (ouvir os lamentos do outro) ou uma disposição para fazer o que for necessário ("Será que posso fazer alguma coisa, qualquer coisa, por você?").

Quando oferecemos ajuda, estamos dizendo que queremos que a vida da pessoa amada seja confortável e que estamos dispostos a fazer algum esforço para que isso se torne realidade. Mais ainda, ao oferecer auxílio, reconhecemos que não vivemos isolados, que não viemos ao mundo para ficar sentados e ser servidos como paxás. O mundo não é uma concha e a pessoa amada não é nossa escrava.

Oferecer ajuda também é um ato de consciência amorosa. Mostra que notamos o que está acontecendo com quem amamos e que queremos compartilhar seus problemas. Isso aumenta seu valor aos olhos do parceiro, porque, de vários modos subliminares e sutis, ele se conscientiza de que você está ligado a ele, fica sabendo que você se importa. É outro modo de afirmar seu vínculo, de dizer que você não se vê como uma ilha, mas como parte do continente criado por seu amor.

FAÇA PERGUNTAS RIDÍCULAS

— Em que você está pensando?
— No trabalho.
— Mas sobre o quê?
— No meu chefe. Ele está doente. Há uma semana que não vai trabalhar e os médicos não conseguem diagnosticar o que ele tem. Parece que é câncer. Isso mexeu comigo e estou com medo. O trabalho pode acabar com a gente...

Como mostra esse exemplo, você pode fazer uma pergunta ridícula e descobrir algo profundo. É por isso que sugiro que, de vez em quando, você faça uma pergunta boba a seu amado, aquela cuja resposta é óbvia e você acha que já conhece, aquela que, à primeira vista, não vale a pena ou você tem vergonha de fazer por medo de que ele fique sem graça de responder.

Qual é sua cor favorita? Você era feliz quando criança? Em que está pensando? Por que você me ama? Você gosta do seu trabalho? Qual é seu sonho secreto? O que acha que precisa fazer antes de morrer? O que o excita? De que parte do seu corpo você mais gosta?

Quando nos apaixonamos, por causa do poder de nossos sentimentos pela outra pessoa – desejo, excitação, alegria, prazer –, tendemos a presumir que sabemos tudo sobre ela, o que lhe agrada, o que é importante para ela, o que ela pensa ou sente em algum momento específico. Essa é uma armadilha em que caímos facilmente, em especial com o passar dos anos. Estamos juntos há tanto tempo que presumimos conhecer tudo sobre a pessoa amada. Mas, quando nos comportamos dessa forma, perdemos a chance de descobrir o que não tínhamos consciência de existir.

É por isso que você deve fazer perguntas ridículas. Freqüentemente elas geram respostas surpreendentes que levam a novas descobertas da profundidade, da complexidade e de quão especial é seu amado. Perguntar abre uma oportunidade de conhecer o outro ainda mais profundamente. E descobrir seu parceiro em todos os seus grandes e pequenos sentimentos, particularidades, pensamentos, intenções, desapontamentos, impropriedades, aspirações, esperanças e dores *é* amor.

BUSQUE O SIGNIFICADO
OCULTO DAS PALAVRAS

Recentemente, quando fui abraçar uma amiga que acabava de chegar a uma festa, senti que ela não recebeu o cumprimento de bom grado. Começou a falar rapidamente que tinha se atrasado porque fora visitar o irmão no hospital e depois desconversou:
– Cadê os salgadinhos? Estou morrendo de fome.

Coloquei a mão em seu braço, olhei dentro de seus olhos e disse:
– Você não precisa ser tão corajosa.

Encostando a cabeça em meu ombro, ela respondeu:
– Estou com tanto medo de que ele não sobreviva... – e começou a soluçar como uma criança.

Com freqüência, o que dizemos não corresponde ao que pensamos. Nossos verdadeiros sentimentos muitas vezes se escondem em espaços secretos e enredados entre as palavras que pronunciamos. A maioria das pessoas não consegue colocar suas emoções em palavras ou não tem bem certeza do que está sentindo. Por isso é tão difícil se expressar de modo preciso, sobretudo quando se está triste, vulnerável ou envergonhado. Em situações como essas, infelizmente nossas palavras são muitas vezes inexatas, e o que revelamos com os olhos e o corpo é uma representação bem mais verdadeira de nossa mensagem real.

Por isso, ao escutar, o amor deve prestar atenção ao que não é dito. Quando ouvir seu amado, fique atento também ao que ele não está colocando em palavras, pois dedos agitados, respiração arfante, sobrancelhas franzidas e olhos cheios de lágrimas expressam muita coisa.

Quando captar a mensagem oculta, você terá consciência disso. A partir daí pode tentar usar suas próprias palavras para chegar ao íntimo da outra pessoa. Pergunte suavemente: "Você diz que está feliz, mas seus olhos estão tristes. Quer falar sobre isso?" Uma pergunta direta e convidativa pode fazer com que seu amado se sinta suficientemente seguro para falar e, enquanto a conversa avança, os dois podem se abrir para o conhecimento mais profundo que surge ao ouvir o que não foi dito em palavras.

COLOQUE-SE NO LUGAR DO OUTRO

Uma das grandes armadilhas em um relacionamento é usar o outro como bode expiatório para tudo o que incomoda você. É fácil criarmos o hábito de culpar nosso parceiro pelo que dá errado e/ou esperar que ele faça tudo corretamente.

Para não cair nessa terrível cilada, tente se colocar no lugar de seu amado e se permitir entender a experiência dele. Agindo assim, vocês serão capazes de consolar o outro quando necessário e deixarão de se culpar, caso se sintam tentados a isso.

Então, sempre que você achar que a pessoa amada é culpada por seu mau humor, pelo computador com defeito, pela infiltração no teto ou pelo tédio da vida, tente se colocar no lugar dela. Pense nos milhares de pequenos e grandes problemas, estresses, decepções e desastres que a cercam. Pare um minuto e reflita sobre os traumas pelos quais seu parceiro está passando.

Se você tiver dificuldade de identificar o que ele sente, tente fazer o exercício de se transformar em seu amor. Comece dizendo que é ele e se chame pelo seu nome. Depois, comece a falar sobre o que está acontecendo com "você". O que o perturba ou alegra nesse momento? O que o fere ou anima? Tente ver, do ponto de vista do outro, como seu comportamento crítico, sua falta de apoio ou o fato de culpá-lo faz ele se sentir. O que você deseja que a pessoa amada faça para compreendê-lo e consolá-lo?

Esse exercício é bastante útil e muitas vezes profundamente emocionante, especialmente quando os dois estão em um impasse emocional. Trata-se de uma oportunidade de criar empatia de dentro para fora, vivenciando seu próprio comportamento através da outra pessoa, já que, por um momento, você assume a identidade emocional dela. "Ser" o outro pode levá-lo rapidamente a tal grau de solidariedade que inevitavelmente abrirá caminho para que haja mais compreensão. Colocar-se no lugar da pessoa amada significa ser capaz de ver além de suas próprias suposições e descobrir que todos carecemos de amor e compreensão.

AGRADEÇA

Agradeça por tudo que lhe foi dado – admiração, dinheiro, beijos, elogios, tempo, atenção, sexo, cartas, um novo chapéu, uma casa, um carro, um bebê, férias planejadas ou não, uma opinião, a sensação de segurança, um buquê de flores, o compartilhar de algum sentimento.

Dizer "muito obrigado" tem um excelente efeito em ambos os parceiros. Para a pessoa que ouve, essas palavras são o espelho do amor que ela deu. Agradecer não só aumenta a sensação de sermos pessoas amorosas, como também amplia essa capacidade. É claro que não ofertamos algo só para ouvir um "muito obrigado", mas o agradecimento nos faz descobrir o valor do que demos e nos leva a querer fazer isso novamente.

Agradecer também é importante para a pessoa que expressa sua gratidão. No nível mais simples, é um ato de cortesia, um reconhecimento do bem que o outro fez. Mas, em um âmbito mais profundo, é um modo de mudar nossa compreensão acerca de nossos relacionamentos, pois, ao agradecer, reforçamos em nossas mentes o fato de que ganhamos um presente e de que somos tratados com carinho.

É muito fácil, em qualquer relacionamento, nos transformarmos (pelo menos interiormente) em pessoas rabugentas que acham que o parceiro nunca fez nem vai fazer alguma coisa boa ou especial para nós. Agradecer afasta essa falta de esperança e cria uma atitude interior de otimismo – abre uma pequena trilha em nossa mente que, com o tempo, se transforma em uma larga avenida. A crença de que somos tratados com generosidade e bondade e até mesmo de que somos amados começa a se enraizar em nossa consciência. Nesse sentido, dizer "obrigado" é um ato de formação de caráter que desenvolve uma visão positiva da pessoa que amamos e também do mundo.

Assim como milhões de flocos de neve se amontoam para cobrir o solo, os agradecimentos se empilham e caem gentilmente uns sobre os outros, até que nossos corações e mentes estejam repletos de gratidão.

VALORIZANDO SEU RELACIONAMENTO

ANUNCIE SEU AMOR PUBLICAMENTE

Pamela e Danilo saíram para jantar com alguns amigos do trabalho dele, entre os quais havia um casal recém-casado. Ao parabenizá-los, Danilo disse:

– Estou muito feliz por vocês, porque o casamento tem sido maravilhoso para mim. Pamela é extremamente inteligente, linda e espirituosa. Ela acredita que sou capaz de conquistar o que quero e me consola quando as coisas não dão certo. Sempre me faz sentir amado. E entende minhas piadas. Por isso é a mulher perfeita para mim.

– Isso significa muito mais para mim do que tudo o que você já me disse em particular – Pamela respondeu.

O diálogo se transformou em uma celebração mútua e em uma inspiração para os demais convidados.

Anunciar seu amor publicamente é o oposto de agir como se seu relacionamento devesse ser um dos segredos mais bem guardados do mundo. Em vez de tentar escondê-lo, erga-o como uma bandeira para que todos o vejam.

Tendemos a pensar que camuflar nosso amor é a coisa socialmente correta a se fazer. É como se houvesse um contrato que diz: "Amaremos quando estivermos sozinhos; em público, agiremos como pessoas civilizadas e desconhecidas." A verdade é que nada nos faz sentir melhor do que sermos elogiados em público ou testemunharmos nosso parceiro anunciar as coisas boas de nosso relacionamento. É como se, ao vermos nossa relação ou nosso companheiro pelos olhos dos outros, percebêssemos, de uma perspectiva um pouco diferente, o tesouro maravilhoso que ele é.

Não quero dizer que você deva fazer de seu romance um espetáculo aberto e apaixonado, mas apenas honrá-lo publicamente, comunicando a seu círculo social que seu companheiro é precioso para você, o completa e dá sentido à sua vida.

Anunciar seu amor publicamente ultrapassa o superficial "gostaria de agradecer à minha esposa" ou "sem o apoio constante de meu marido" e penetra no âmbito do reconhecimento profundamente sentido e específico. Isso dá a seu parceiro a deliciosa emoção de ser elogiado na frente de todos, e às pessoas que ouvem seu testemunho, uma sensação de esperança em relação ao poder do amor.

Portanto, não importa há quanto tempo vocês estão juntos, elogiem-se na frente de estranhos e amigos. Os bons sentimentos se multiplicarão quando transformarem seu amor em um lindo exemplo.

TENHA COMPAIXÃO

Ter compaixão significa sofrer junto. Esse sentimento não tem nada a ver com resolver problemas, mas sim com testemunhar de modo amoroso as pequenas e grandes questões sem solução da vida. Em um relacionamento, significa compartilhar a experiência das dores e dos problemas do dia-a-dia e saber que ambos podem contar seus sofrimentos e cuidar das feridas um do outro.

Alice tinha a mania de despejar seus problemas em cima de Fábio assim que ele chegava em casa: passara 45 minutos presa no engarrafamento, o computador havia quebrado e ela não conseguira terminar o projeto a tempo, a fila do supermercado estava gigantesca. Um dia, depois de ser consolada por ele, Alice notou o silêncio que se seguiu à sua lista de queixas e ficou um pouco envergonhada.

– Você não tem problemas? – perguntou.

– Claro que tenho – ele respondeu, espantado.

– Então por que nunca me fala deles?

– Isso nunca me ocorreu. Achei que não deveria. Pensei que nosso trato era você se queixar e eu ouvir com boa vontade.

Freqüentemente, quando se trata de compaixão, os casais tendem a se polarizar, de modo que um parceiro só reclama e o outro apenas ouve e consola. O mais correto seria que eles compartilhassem suas dores e seus fracassos.

A compaixão é importante porque a vida é cheia de tristezas e sofrimentos que, se não forem colocados para fora, se amontoam, nos deprimem e podem causar sérios problemas. É como o velho clichê do homem que leva uma bronca do chefe, vai para casa e chuta o cachorro. Quase sempre são as coisas mais insignificantes, pelas quais ninguém tem compaixão, que nos levam a agredir a pessoa amada.

Lembre-se de que fatores e pessoas de fora de seu relacionamento podem ter uma grande influência sobre ele. Em vez de acreditar que pode lidar sozinho com essas pequenas decepções, coloque-as em discussão, receba o bálsamo do consolo e depois liberte-se delas. Desse modo seu relacionamento será cheio de amor, em vez da raiva mal direcionada provocada pelas dificuldades do cotidiano. Afinal, se não pudermos ser solidários nas pequenas coisas, como consolaremos o outro nas tragédias da vida?

NEGOCIE AS TAREFAS DO DIA-A-DIA

O problema que afeta todos nós é que a vida é corriqueira demais. Cedo ou tarde, todo relacionamento enfrenta a questão de quem vai jogar o lixo fora.

Um dos aspectos mais sublimes do amor é reconhecer que as tarefas domésticas fazem parte da relação. Precisamos aceitar que, embora o amor seja uma experiência transcendental, ele acontece no mundo material e cotidiano. Encarar essa realidade já é um ato de amor, pois significa que nos humilharemos e faremos todo tipo de tarefa entediante e desagradável de boa vontade, em nome desse sentimento.

Um dos perigos da natureza rotineira da vida é que tendemos a ver as tarefas domésticas como conseqüência de nosso relacionamento e não da vida em si. Ficamos tentados a culpar nosso companheiro pelas atribuições desagradáveis do dia-a-dia, como se não tivéssemos que fazer a cama, lavar a roupa, consertar o aquecedor que explodiu ou levar o carro para a oficina se estivéssemos sozinhos. Também é fácil nos tornarmos irracionais e irritadiços por causa de serviços que o outro negligencia e que acabamos tendo de fazer. Porém, não devemos esperar que essas trivialidades deixem de existir nem que, apenas por amor, a outra pessoa (ou nós mesmos) faça tudo sem vacilar. O amor verdadeiro sabe que a louça precisa ser lavada e está disposto a negociar – ele agradece quando a carga pode ser dividida. Isso implica falar sobre o assunto, decidir quem vai ser responsável pelo quê e elaborar uma lista em vez de esperar que tudo seja feito por duendes. A negociação também requer compromisso – por exemplo, aceitar sem queixas que a outra pessoa pode não limpar o vaso sanitário tão bem quanto você, ou estar disposto a realizar certas tarefas que não existiriam se você morasse sozinho, como encerar o chão da sala ou cuidar das plantas.

Negociar as tarefas do dia-a-dia significa aceitar as panelas e latas de lixo da vida e decidir junto com seu amado como as tarefas serão cumpridas. Dessa forma, elas deixam de ser motivo de discórdia e perdem a importância, ficando em segundo plano, de modo que vocês possam fazer o que realmente importa – seguir seu destino e amar.

RECONHEÇA AS DIFICULDADES QUE SEUS PROBLEMAS PESSOAIS CAUSAM

O simples fato de sermos nós mesmos já coloca fardos sobre os ombros de nossos amados. Não importa quem sejamos – um astro de cinema, uma mãe de cinco filhos em seu segundo casamento, um estudante universitário, um diabético ou alguém com um horário de trabalho louco –, todos nós trazemos para os relacionamentos problemas que, de vez em quando, dificultam a tarefa de quem está disposto a nos amar.

A triste verdade é que a maioria de nós tem compromissos de mais e tempo de menos. Não queremos enlouquecer nosso companheiro quando somos obrigados a comparecer a 10 reuniões seguidas após o expediente, quando deixamos 20 peças de roupa espalhadas pelo chão do quarto porque não tivemos tempo de guardá-las, quando temos dor de dente por seis dias – mas é exatamente o que fazemos. De inúmeras maneiras, abusamos do outro sem querer. Todos nós exigimos muito da pessoa amada e estamos constantemente pedindo a ela o impossível.

O amor faz com que nosso parceiro esteja disposto a tolerar todo o absurdo da vida real, mas a verdade é que precisamos reconhecer isso, ser gratos a ele e nos desculpar pelas dificuldades que causamos. É fácil ficar na defensiva ou culpar o outro: "Não deve ser tão difícil assim aceitar minha mãe doente"; "Ele não deveria se queixar por eu trabalhar tanto".

Mas nós realmente precisamos ter consciência de que às vezes levamos ao outro ao seu limite. O fato de dizermos "Por favor, fique comigo", "Obrigado por suportar esse meu horário maluco" ou simplesmente "Sinto muito" criará, em meio a essas situações estressantes, momentos em que poderemos ser gratos por tanta generosidade e tolerância. Em vez de se tornarem fatores de irritação que nos afastam e destroem, os problemas irão se transformar em oportunidades de aprofundarmos nossa intimidade. Reconhecer as dificuldades que criamos e as exigências que fazemos ajuda nossos parceiros a tolerar o intolerável e forja novos laços de amor entre nós.

MANTENHAM CONTATO

Nesses tempos extraordinariamente ocupados e complexos, é perfeitamente possível perder contato com a pessoa amada, às vezes por vários dias. É por isso que precisamos nos esforçar para controlar não só o ritmo de nossos compromissos e projetos, mas também o de nossos relacionamentos íntimos.

Manter contato significa deixar seu parceiro informado sobre sua vida – seus horários e obrigações, bem como mudanças em sua rotina e em seus planos. Não há nada pior, por exemplo, do que seu filho passar mal e você não saber onde encontrar seu cônjuge. Ou seu companheiro dizer que vai chegar às seis da tarde e aparecer duas horas depois. Ou reservar um fim de semana para vocês ficarem juntos e descobrir, no último minuto, que o outro só estará livre no domingo, das duas às quatro. É óbvio que emergências e imprevistos acontecem, mas se comprometer a informar as mudanças de planos o mais rápido possível fará com que seu amado se torne mais tolerante nesses casos.

No entanto, manter contato é muito mais do que uma mera troca de informações sobre sua agenda. Significa também encontrar meios de falar de seu amor regularmente. Independentemente de quanto você esteja ocupado, deve sempre encontrar um tempo para dizer à pessoa amada que você a adora e quer voltar o mais rapidamente possível para seus braços.

Conheço um casal que mantém um caderno na mesa da sala. Quando um dos dois precisa sair, sempre deixa uma mensagem carinhosa para o outro. Eles estão casados há oito anos e o caderno é o registro apaixonado de um dia-a-dia cheio de atenção e amor.

Uma mulher que viaja muito a negócios nunca sai da cidade sem deixar um bilhete carinhoso sobre o travesseiro do marido. E, sempre que volta dessas viagens, encontra um buquê de flores na mesinha-de-cabeceira. Um empresário que precisa viajar constantemente para o exterior nunca se esquece de mandar um cartão-postal onde escreve: "Seria uma viagem maravilhosa se você estivesse aqui." Um advogado muito ocupado liga para casa diariamente para falar a mesma coisa para a mulher: "Será que eu já disse que amo você hoje?" Esses gestos aparentemente pequenos podem fazer toda a diferença em um mundo cheio de compromissos.

Ficar em contato é o antídoto contra a indiferença. Significa que você trata a pessoa amada como alguém especial e é um modo de lembrar a você mesmo que seu amor também é único.

TENHAM UM TEMPO DE INTIMIDADE

Com freqüência, tratamos nossos relacionamentos como se fossem carros que pudessem funcionar sem combustível – esperamos que sejam bonitos, nos dêem segurança, projetem uma auto-imagem positiva e nos levem aonde queremos ir.

Não deixe que seu romance fique sem combustível. O que alimenta um bom relacionamento é o tempo passado na intimidade. Insistir na relação significa que, em vez de esperar que seu amor simplesmente lhe ofereça todos os benefícios desejados – sexo, companheirismo, conforto emocional, filhos, segurança financeira –, você compreende a necessidade de compartilhar pensamentos e sentimentos.

O tempo de intimidade tanto pode ser um "encontro de cinco minutos" em um horário estabelecido para troca de informações básicas sobre seu dia (durante o café da manhã, o jantar ou antes de dormir), como uma conversa diária de 20 minutos ou mais, quando vocês podem se abrir mais e falar sobre seus medos, suas metas, suas intenções atuais, suas frustrações diárias e suas alegrias. Esse é o momento para compartilhar suas dores e decepções (tanto as causadas pelo parceiro como as infligidas pelo mundo exterior), encorajar o outro e fazer planos.

Ter um tempo de intimidade também significa abrir espaço para as amenidades do amor: uma caminhada na praia ou uma volta no quarteirão; um fim de semana a dois em um local tranqüilo ou simplesmente uma noite no motel. Também significa criar uma oportunidade para fazer amor de modo descontraído, passar um dia inteiro na cama, se enroscarem no sofá, beijar mais do que superficialmente e se darem as mãos por cima da mesa de jantar.

Se você não puder tirar meia hora por dia para algum contato íntimo, seu relacionamento entrará em franca decadência. Ter uns minutos de intimidade significa que, em vez de privar seu relacionamento da doce essência de que ele necessita, você será generoso ao encontrar tempo para ele.

ESQUENTE O ROMANCE

O romantismo é o champanhe nas taças geladas do amor, a magia que convida o relacionamento a dançar um tango, oferece um perfume a ser lembrado e torna real uma fantasia, para você guardá-la em seu coração. O romantismo é o antídoto contra a rotina e a inspiração para a paixão – sempre que você torna seu relacionamento mais romântico, ele instantaneamente atinge seu estado mais delicioso. Quando você é romântico, sente-se mais bonito; a vida se enche de esperança; a Lua, as estrelas e os planetas o banham em uma cascata de luz benevolente e você acredita que tudo é possível: seus sonhos mais loucos, mais doces e mais queridos certamente se realizarão.

Pelo menos é assim que nos sentimos quando estamos às voltas com um novo amor. Mas essa sensação não é capaz de se prolongar sozinha. À medida que o tempo passa, é preciso esforço, criatividade, intuição e, algumas vezes, até mesmo disposição para manter toda essa magia. Isso porque, em algum momento, sem nos darmos conta, paramos de fazer as coisas que esquentavam o romance no começo: esquecemos de trazer flores, de sussurrar bobagens melosas, deixamos as luzes acesas (ou apagadas), trocamos a lingerie preta por pijamas de flanela. Em suma, passamos a nos comportar como colegas de quarto em vez de amantes apaixonados.

Mas ainda é possível trazer romantismo para nossos relacionamentos, não importa há quanto tempo estejamos juntos. Coloque as taças na geladeira. Lembre-se das rosas. Apague as luzes e acenda as velas (não ligue para a cera pingando na mesa). Ponha para tocar a primeira música que vocês ouviram em sua lua-de-mel. Forre a cama com lençóis de seda. Leve seu amor para ver o pôr-do-sol e o beije.

De vez em quando Paulo prega uma peça romântica em Sônia. Liga para ela de algum lugar, diz que o carro está enguiçado e pede que ela vá buscá-lo. Quando chega, ela descobre que ele está "parado" perto de algum hotel. Ele então lhe dá um presente num lindo embrulho: um vestido ou uma camisola sexy. Já reservou um quarto e pede o jantar. Depois da refeição, eles dançam e fazem amor apaixonadamente.

Quando se trata de esquentar o romance, você precisa ser criativo, mesmo que de início se sinta tímido. Lembre-se de que você não tinha vergonha de todos aqueles bilhetes e canções de amor quando estava se apaixonando. A arte do romance requer prática. Quanto mais você se permitir ampliar os limites, mais criativo se tornará, especialmente se seus esforços iniciais obtiverem uma reação positiva. (Se seu parceiro estiver se empenhando para lhe agradar, corresponda. Assim, você trará mais romantismo para sua vida.)

Quaisquer que sejam suas preferências românticas, coloque-as em prática sempre que puder. Não perca as oportunidades. O romantismo é uma forma de arte muito especial, que torna o amor mais bonito e cuja recompensa é a alegria da paixão.

TENHA CUIDADO COM O QUE DIZ

Mesmo depois de Janaína ter passado anos ajudando João na pesquisa de sua tese de doutorado e ter digitado todo o trabalho, o marido lhe disse irrefletidamente, durante uma briga: "Quem precisa de você? Você nunca fez nada por mim." Janaína ficou arrasada. Foi até o quarto, colocou algumas roupas na mala e se mudou para um flat. Foram meses de negociações e terapia até que eles se reconciliassem.

Moral da história: tenha cuidado com o que diz. O fato de você estar com raiva e acabar provocando uma briga não é desculpa para destruir a personalidade da pessoa amada. A agressão física é imperdoável, mas as palavras também podem criar mágoas profundas e às vezes irreversíveis. Comentários sobre a inteligência, a aparência, o valor ou a capacidade de amar (para não falar de comparações com os "ex") podem abalar profundamente seu parceiro. Apesar de não gostarmos de pensar nessa possibilidade, o fato é que o que falamos no calor da raiva tem efeito duradouro. Observações maldosas podem ser extremamente devastadoras, abalar permanentemente a auto-estima da outra pessoa e acabar para sempre com a boa vontade em seu relacionamento.

Portanto evite observações gratuitas e mesquinhas do tipo: "Bem, você pode pedir o divórcio"; "Vou embora"; "Você nunca me amou mesmo..."; "Odeio seus filhos"; "Odeio esta casa"; "Minha vida é uma droga"; "Você nunca me compreendeu"; "Você está muito gordo"; "Ainda vou encontrar o homem perfeito e ele vai ver como sou maravilhosa"; "Vou voltar para minha 'ex'. Pelo menos ela era boa de cama".

Quando você parte para esse tipo de ataque ultrajante, faz com que sua relação desça ao nível da retaliação, o que, no mínimo, deixa um monte de entulho no caminho da comunicação e pode destruir seu relacionamento amoroso.

Conscientemente ou não, temos um sexto sentido cruel em relação às palavras que podem arrasar nosso parceiro. Conhecemos o ponto sensível e vulnerável, o calcanhar-de-aquiles no qual ele pode ser mortalmente ferido. É por isso que precisamos tomar cuidado com o que dizemos. Pense duas ou, se preciso, uma dúzia de vezes, conte até 10 ou, se necessário, até 10 mil antes de dizer algo que pode ser devastador.

DESPEÇA-SE E REENCONTRE-SE COM GESTOS DE AMOR

Você se lembra de como, no início, vocês mal podiam esperar para se ver, ficar de mãos dadas e se beijar? E como a separação era uma tortura, um sofrimento que devia ser adiado o máximo possível? Só porque o fogo do novo romance se transformou nas cinzas estáveis de um amor de verdade, isso não significa que você não precisa mais da bênção que é se despedir e se reencontrar com rituais de carinho.

Quando agimos de forma carinhosa no reencontro, reconhecemos que estamos novamente na presença da pessoa que amamos e que isso nos deixa feliz. Ao nos despedirmos de um modo especial, mostramos que nos valorizamos.

Se você for viajar a negócios, não se limite a fazer a mala e desaparecer. Abrace a pessoa amada e diga que vai sentir saudades. Quando chegar, deixe a mala no chão e beije seu parceiro. Não diga simplesmente "Cheguei!", correndo em seguida para o escritório para ler a correspondência. E, se chegar em casa primeiro, não fique no sofá vendo televisão sem nem mesmo uma palavra de acolhida. Pare o que estiver fazendo, faça contato, beije, abrace, olhe nos olhos do outro.

Também não inicie o reencontro com frases do tipo "Por que você demorou tanto a chegar?", "Que droga, onde você estava?" ou "Por que o jantar não está pronto?". Antes de continuar com os afazeres e exigências do cotidiano, PARE e reconheça a presença da pessoa com quem você escolheu dividir sua vida.

Precisamos fazer isso para nos lembrar de que, acima de tudo, é o amor que nos une e é ele que resta quando o dia de trabalho termina. É para ele que voltamos. Os beijos e abraços de acolhida e despedida são símbolos vivos da intenção de nossos corações ou de nosso desejo de ficarmos juntos por muito tempo e com muito amor.

Se tantos abraços e beijos parecerem tolice, lembre-se de que nunca sabemos de fato se veremos o outro novamente. Por isso até o menor encontro é um pequeno milagre.

APRENDA A BRIGAR
DE MANEIRA CONSTRUTIVA

Não existem relacionamentos sem conflitos – diferenças de opinião, de preferências e até mesmo de rumo – e são eles que dão a medida de quanto vale uma relação. Isso quer dizer que a vitalidade de um relacionamento está ligada à sua capacidade de suportar o estresse das diferenças e resolvê-las de forma saudável, para que tanto a relação quanto os envolvidos possam conquistar uma autenticidade maior.

As pessoas, em geral, não gostam de se envolver em conflitos porque não sabem brigar. Elas têm medo de se deixar levar pela raiva, perder o controle e se tornar agressivas, grosseiras ou mesmo fisicamente destrutivas. Também têm medo da reação do outro: será que ele vai gritar, atirar coisas, bater a porta, ir embora? Esse tipo de comportamento pode acontecer ocasionalmente e até mesmo constituir um perigo real, em especial para quem já foi vítima de abusos provocados pela raiva. Mas todo mundo pode aprender a expressar esse sentimento de modo construtivo.

Uma briga pode ser considerada boa quando os dois lados sentem que aprenderam alguma coisa e que passaram a se conhecer melhor. Mesmo que o casal discuta sempre as mesmas questões (e a maioria de nós faz isso), um bom confronto renova a esperança no futuro, porque permite entender melhor algo que antes gerava mal-estar ou frustração.

Algumas dicas que podem ajudar: 1. Tente descobrir o motivo da sua irritação. Normalmente, é algo muito específico: "Porque você não telefonou", e não "Porque a vida é terrível". 2. Declare como você se sente e por quê: "Estou triste por você não ter ligado, porque isso me leva a achar que você não me ama." 3. Diga o que quer receber como compensação: "Você deve me pedir desculpas." 4. Depois que seu parceiro tiver se desculpado, pergunte a si mesmo e a ele se está tudo resolvido. 5. Beijem-se e façam as pazes. Por exemplo:

– Estou chateada por você ter gritado comigo porque bati com o carro. Você me envergonhou na frente da minha amiga e me senti diminuída por ela ter ouvido você falar comigo daquele jeito. Gostaria que você pedisse desculpas.

– Sinto muito, amor. Estava com pressa e nervoso por conta daquela reunião importante no trabalho. Não queria fazer você se sentir assim. Por favor, me perdoe.

Esse diálogo, é claro, ganharia o prêmio de "briga mais civilizada do planeta". Você, provavelmente, não será capaz de seguir um padrão de gentileza como esse, pois estará irritado e frustrado pelo número de vezes que a situação se repetiu, sem falar que você é um simples mortal. Em todo caso, tente se lembrar: 1. Em uma boa briga não vale tudo. Não diga qualquer coisa que lhe venha à cabeça, mesmo que esteja com a razão. As palavras podem ferir, e você não quer que seu parceiro fique arrasado. 2. Seja específico em suas queixas. Não desenterre ressentimentos antigos. 3. Ouça e compreenda o que o outro disse antes de responder. Lembre-se de que está tendo essa briga para aprender alguma coisa, para chegar a uma nova revelação e a uma solução imediata. 4. Seja compreensivo com você mesmo e com seu amado se não fizerem tudo perfeitamente.

NÃO LAVE ROUPA SUJA

Não aproveite as brigas para lavar a roupa suja. Você não deve trazer para a discussão assuntos que não são relativos a ela: todas as queixas guardadas desde o início do relacionamento, algum problema de 15 anos atrás ou a pior agressão verbal em que puder pensar.

Esse tipo de comportamento não é benéfico. Apenas alimenta a briga, abre um abismo de pânico e faz seu parceiro sofrer. E depois pode ser difícil consertar os danos causados por você mesmo.

Não importa a razão de sua fúria, tente resistir à tentação de colocar tudo para fora ou de mandar tudo para o inferno. É importante parar e pensar antes de jogar as coisas na cara do outro. Faça a si mesmo duas perguntas:

Será que realmente preciso dizer isso? Será que essa frase horrível, odiosa, agressiva e humilhante precisa mesmo ser dita? Ela vai melhorar a situação? O que você tem a ganhar se disser, por exemplo, que sua vida sexual não só está horrível no momento, mas que tem sido uma droga nos últimos 10 anos? Será que observações desse tipo contribuem para o seu crescimento ou de seu parceiro, ou são apenas uma forma de manifestar sua raiva?

Será que realmente preciso dizer isso AGORA? Talvez você queira aproveitar para abordar questões valiosas que devem ser expostas. Mas será que esse é o momento? Você vai apenas deixar seu parceiro furioso ou produzir uma resposta útil?

Antes de abrirmos fogo com nossas metralhadoras verbais, é importante refletirmos a respeito do que falamos sob fortes emoções e considerarmos que, só porque temos vontade de dizer alguma coisa, isso não significa necessariamente que precisamos fazê-lo desse modo ou nesse exato momento. Lembre-se de que seu relacionamento é algo precioso que merece ser preservado e, para que ele se torne melhor e não se desgaste, encontre uma ocasião e uma maneira apropriadas de expressar seus sentimentos.

LEMBRE-SE DO INÍCIO DO ROMANCE

No tumulto do cotidiano é realmente muito fácil esquecer por que amamos o outro: ela chegou tarde pela sexta vez consecutiva, ele foi grosseiro novamente, ninguém diz nada carinhoso há dois meses. Em tempos assim, precisamos nos lembrar dos dias românticos quando estávamos nos apaixonando.

Para nutrir e renovar seu relacionamento, pense de vez em quando nos momentos felizes do início do namoro. Todo amor tem os primeiros e encantadores momentos de romantismo – a caminhada no píer para ver o pôr-do-sol, as lágrimas de despedida no aeroporto, os beijos roubados quando o romance ainda era secreto. São esses momentos que você precisa recordar e dividir com seu parceiro.

"Eu a vi andando pelo jardim e seus movimentos me encantaram. Soube imediatamente que era a mulher da minha vida. Só queria ficar ali, olhando para ela para sempre."

"Ele me convidou para fazer trekking. Quando começamos a subir a montanha, torci meu tornozelo e quase caí, mas ele me segurou. Eu me senti totalmente protegida em seus braços. Podia sentir seu carinho por mim e pensei: 'Ele é um homem maravilhoso. Estou me apaixonando.'"

Apenas conversar sobre essas recordações pode fazer reviver sentimentos deliciosos, especialmente se vocês o fizerem de um modo que os una e não em tom de acusação: "Antes você me beijava 500 vezes por dia, mas agora nunca faz isso." Não importa o que tenha feito você se apaixonar, lembrar-se disso lhe dará energia e disponibilidade emocional para seguir em frente, de modo que possa sentir que "Sim, *existe* um bom motivo para suportar tudo isso".

O tempo desbota o amor, mas ele pode ser instantaneamente reavivado pela recordação do que era mágico no começo. O que quer que os tenha ligado inicialmente era real e poderoso, mas é possível se esquecer disso com o tempo. Quando vocês se permitem reviver a antiga paixão, tornam o que os atraiu tão forte quanto o que está minando seu relacionamento agora.

Portanto lembre por que você se apaixonou e a magia voltará.

ESTEJA DISPOSTO A CEDER

Todos tendemos a ser teimosos, a manter nossa posição obstinadamente e a não ceder de jeito nenhum, especialmente nas brigas, quando os ânimos já estão acirrados.

Em qualquer relacionamento que dure mais de três semanas, provavelmente há motivos para um rompimento. De um forma ou de outra, todos nós fazemos milhões de coisas que incomodam, irritam, agridem e magoam a pessoa amada. Nem tudo é justo no amor e na guerra – nos dois casos, os abusos são infinitos. É melhor não tentarmos nos iludir pensando de modo diferente.

O amor tem a capacidade de nos ferir gravemente. É por isso que, quando passamos por um momento delicado em nosso relacionamento, sentimos que ultrapassamos – e muito – nossos limites. Sentimos que, para preservar nossa dignidade, nossa sanidade e nossa pele, não podemos de modo algum ceder, abrir mão de alguma coisa ou nos dar por vencidos.

A teimosia funciona como uma forma de autopreservação e é bom que seja assim, pois não devemos aceitar nenhum tipo de abuso. Mas, se nos recusarmos a ceder pelo bem da união, essa mesma teimosia pode impedir nosso crescimento. Quando nos sentimos roubados, explorados ou ignorados, situações de impasse como "Eu tenho razão", "Não, eu é que tenho razão", "Seja legal comigo", "Só depois que você for legal comigo" e "É tudo sua culpa", "Claro que não, a culpa é SUA" podem fazer seu relacionamento cair em um abismo.

Um impasse não é uma situação muito criativa. Nada pode ser realizado, perdoado, resolvido ou revisto enquanto ficamos frente a frente e nos recusamos a ceder. Não podemos esperar qualquer progresso a menos que alguém dê o primeiro passo para acabar com a briga.

Por isso, esteja disposto a dizer: "Está bem, vou recuar e tentar ouvir você desta vez." Para aqueles realmente teimosos, aqui vai um truque: digam "Serei gentil se você for gentil", depois contem até três e recomecem do ponto onde estavam antes de terem se tornado tão obstinados.

O amor verdadeiro floresce com a compaixão. Tomar a iniciativa de construir a ponte sobre o abismo do abuso, da exaustão e da decepção é um ato emocionalmente heróico. Esteja disposto a ser um herói em seu relacionamento, superando seus limites e sendo o primeiro a demonstrar a generosidade que nutrirá e preservará sua união.

RESSALTE O QUE É POSITIVO

Ressaltar o que é positivo significa escolher o melhor modo de interpretar o que a outra pessoa está dizendo ou fazendo. Numa situação de intimidade, é fácil ter medo de que o amor não dure, de que seus sonhos não se realizem, de que as coisas não sejam tão boas quanto você esperava, de que a outra pessoa o abandone, de ter sido enganado, de que estejam se aproveitando de você.

Embora seja possível se decepcionar até nos melhores relacionamentos (afinal, ninguém é perfeito), nos unimos a alguém com toda a esperança e a intenção de fazer as coisas darem tão certo quanto possível. Em outras palavras, ninguém entra numa relação para prejudicar o outro.

Lembrar-se disso no meio das brigas sérias e dos pequenos conflitos inevitáveis evita que seu relacionamento mergulhe na negatividade. Quando enfatiza coisas negativas – "Sei que você não me ama"; "Você só fez isso para me irritar"; "Você não se importa com meus sentimentos"; "Sei que isso nunca vai dar certo"; "Você a amava mais do que será capaz de me amar algum dia" –, você as torna ainda mais prováveis.

Quando você ressalta o que é positivo, parte do pressuposto de que o erro não foi causado pela personalidade detestável de seu parceiro, por sua incompetência ou por suas intenções vis de agredir, insultar, atacar, decepcionar ou rejeitar você de alguma forma. Isso dá aos dois a chance de se sentirem bem, de melhorarem a situação. Em vez de "Você sempre tenta me confundir", experimente "Sinto muito, acho que não entendi direito. Será que você pode explicar de novo?". Em vez de "Por que você está falando desse jeito estranho comigo?", diga "Sua voz está um pouco diferente. Você está bem?".

Todos nós cometemos erros. Todos nós temos problemas. Há um milhão de razões para que se tenha (ou não) determinado comportamento e um milhão de maneiras de interpretá-lo. Antes de supor o pior, imagine a melhor possibilidade, a mais feliz, otimista e bem-intencionada. Depois, respire fundo, pergunte e espere a explicação que pode muito bem acabar com todos os seus medos e até mesmo despertar sua solidariedade.

MASSAGEIE O EGO
DE SEU AMOR

Quando seu vôo está seis horas atrasado, você tem a impressão de que sua vida se resume a esperar em aeroportos. Da mesma forma, quando está diante de um conflito emocional, você tem a sensação de que as brigas e os aborrecimentos sempre fizeram – e continuarão a fazer – parte de seu relacionamento.

Na verdade, a maioria de nossos amores nos faz bem. Mesmo nos momentos mais difíceis, eles nos ensinam as lições que mais precisamos aprender, e, quando os tempos são bons, nos oferecem a alegria que tanto desejamos.

Massagear o ego da pessoa amada é se lembrar de todo o bem que ela representa. É ter em mente todas as coisas maravilhosas que vocês fazem, já fizeram e ainda planejam fazer juntos. Alimentar seu relacionamento é compreender que essa união merece reconhecimento.

Por exemplo, você pode ter deixado de notar como vocês formam um casal bonito. Os outros ainda percebem, mas você não presta mais atenção nisso. A partir de agora, comece a se lembrar do prazer que é compartilhar sua vida com uma pessoa cujo estilo complementa tão perfeitamente o seu. Ou talvez você tenha se esquecido de como vocês combinam intelectualmente. Quem mais conversaria com você de forma tão fluente sobre os mais diversos assuntos? Quem mais explicaria tão bem o que é uma *proparoxítona* ou se lembraria da altitude de Machu Pichu?

Pense em como vocês se apóiam mutuamente, como ficam unidos quando as coisas vão mal – como quando ele não foi escolhido para o time de basquete ou as pinturas dela foram eliminadas pelo júri do salão de arte.

Quando massageia o ego de seu amor, você faz todo o possível para notar que alguma coisa maior que suas personalidades individuais foi criada por meio de sua união: "Nós nos divertimos muito juntos, não é mesmo?"; "Construímos uma linda casa, não foi?"; "Realmente tivemos filhos maravilhosos"; "Não me lembro da vida antes de NÓS. Agora tudo faz sentido".

Esse tipo de reconhecimento tem um efeito incrivelmente positivo, pois nos permite ver o relacionamento como fonte de força e apoio para nossas identidades e um escudo para quando nos aventuramos no mundo. Por isso, reconheça tudo de bom que você e seu amado criaram em conjunto. Dessa forma vocês aumentarão o poder de sua união.

RESOLVA SUAS
PENDÊNCIAS EMOCIONAIS

Pendências emocionais são aqueles fatos insignificantes, inoportunos e mal resolvidos entre você e seu parceiro: ressentimentos não expressados, feridas abertas, problemas sem solução, pequenos conflitos não mencionados, pedidos escondidos. Quando reprimidos, eles se colocam entre você e seu amado, perturbando o vínculo emocional e ofuscando a sinceridade que vocês gostariam de ter um com o outro.

Quando você resolve suas pendências sentimentais em vez de deixar que conflitos, angústias e dificuldades aumentem as feridas, abre a possibilidade de chegarem a um acordo e fazerem as pazes. Isso que vocês dois desejam e acreditam ser capazes de levar seu relacionamento a um estado de equilíbrio e tranqüilidade, no qual podem novamente correr os suaves riscos emocionais que aprofundam os laços.

Todo relacionamento necessita de um nível mínimo e consistente de harmonia. Precisa ser um porto seguro a partir do qual as pessoas envolvidas possam aceitar desafios que estimulem seu próprio crescimento e cultivar os laços que as conectam. Resolver as pendências emocionais é um modo de manter esse porto seguro em ordem.

Temos a tendência de deixar as coisas para lá, de esperar que tudo simplesmente se resolva ou desapareça. Com o tempo, algumas coisas se tornam convenientemente irrelevantes, mas a verdade é que não resolvê-las exige uma quantidade incrível de energia, que seria mais bem empregada em beijos ou planos de ir ao cinema.

Ivone ainda estava zangada com Cláudio por causa de uma briga que tiveram na sexta-feira. Quando saíram no sábado à noite, em vez de relaxar e se divertir, ela se sentia irritada e inquieta. Ele a magoara muito ao dizer: "Não gosto nem um pouco de ver você falando ao telefone com Laura (a melhor amiga de Ivone) o tempo todo." Ela precisava da alegria, da diversão e do apoio que as conversas com Laura proporcionavam e era apavorante pensar que Cláudio tivesse uma reação tão negativa em relação a essa amizade. Mas ela preferiu não discutir isso com o namorado, pois "esperava que ele não estivesse falando sério" ou que "ele superasse aquilo". Até pensou em fazer uma observação maliciosa sobre Nelson, o melhor amigo de Cláudio, da próxima vez em que os dois fossem jogar bola. Mas nenhum de seus esforços de varrer as coisas para debaixo do tapete tinha funcionado. Ivone ainda estava aborrecida e não tocar no assunto só estragou sua noite de sábado.

Esse é um exemplo perfeito de como problemas mal resolvidos podem se transformar em armadilhas. Então, em vez de montar uma forca para seu amor, tire algum tempo e redobre sua atenção para aparar as arestas, não importa quão banais ou inofensivas possam parecer. O amor floresce sob o céu azul, e resolver as pendências emocionais afugenta todas as nuvens.

PEÇA DESCULPAS

Pedir desculpas pode parecer simples, mas, na prática, é algo extremamente difícil de se fazer. Quando cometer um erro, peça desculpas: "Sinto muito. Você tem razão. Eu realmente me esqueci de limpar a casa"; "Perdoe-me por ter gritado. Sei que assustei você"; "Desculpe-me por não ter prestado atenção. Quero muito ouvir o que você está dizendo".

Reconhecer tanto seus defeitos pessoais como seus deslizes específicos – os pequenos e grandes erros, as bobagens que você faz ou deixa de fazer – é a melhor forma de manter um bom relacionamento. Abre o caminho para o coração de seu amado, que pode ser facilmente atravancado por pequenos ressentimentos e reclamações. Pedir desculpas é um modo de se manter em dia com o outro, de se certificar de que vocês ainda se vêem claramente, e não através do nevoeiro de velhas queixas.

Pedir desculpas consiste em três partes essenciais: dizer o que você fez de errado, dizer que lamenta e pedir perdão. É completamente diferente de estar na defensiva, quando nos transformamos em advogados da nossa própria causa: "Eu fiz isso porque..."; "Não era minha intenção"; "Fui obrigado a fazer isso"; "Não é o que parece"; "Isso é coisa da sua cabeça".

Todas essas atitudes têm o efeito de turvar as águas emocionais. Escondem nossas verdadeiras deficiências e fazem com que sejamos amados em um nível superficial em que enganamos a nós mesmos, e não com a profundidade de nossa integridade emocional. Quando confessamos francamente nossos erros, pedimos para sermos amados na medida de nossa humanidade, por mais imperfeitos que sejamos.

Ficar na defensiva é um modo de manter o problema que está atrapalhando o relacionamento. Pedir desculpas acaba com ele, abrindo caminho para o perdão e para um novo começo. O pedido de desculpas, quando sincero e sentido, é um dos remédios mais eficazes contra desavenças de qualquer tamanho, o curativo perfeito para qualquer ferida.

DIVIRTAM-SE JUNTOS

Quando nos divertimos, sentimos a alegria despreocupada de nossas almas. Ficamos livres do peso das obrigações e das responsabilidades e temos uma sensação de prazer em relação a nós mesmos. Brincar nos faz voltar ao tempo em que a vida era cheia de novidades e possibilidades, faz renascer a criança dentro de nós – e precisamos fazer isso o máximo possível.

Divertir-se sozinho ou com outras pessoas não é apenas uma frivolidade. Jogar uma partida de vôlei, fazer uma aula de ginástica, jogar futebol ou tênis, tudo isso produz equilíbrio. É a rede de segurança debaixo da corda bamba da vida moderna, é o que nos mantém sãos e em atividade.

Brincar sozinho é bom. Com companhia é ainda melhor. Mas com a pessoa amada é maravilhoso – combina a alegria intrínseca da brincadeira com a oportunidade de ter com essa pessoa uma experiência livre de preocupações (e por vezes capaz de mudar nosso ponto de vista). Vê-la e estar ao seu lado nos momentos mais espontâneos, mais inocentes e vulneráveis pode aprofundar sua admiração por ela e a consciência de quanto essa pessoa é especial, pois é fazendo o que mais gostamos que nos revelamos como realmente somos.

Momentos de bobeira e descontração passados juntos aprofundam os laços: "Você se lembra de quando nos inscrevemos num torneio de pesca e você ganhou?"; "Você se recorda daquela festa de Halloween em que eu estava fantasiada de bailarina e você de gato?"; "Você se lembra do verão em que jogamos peteca no quintal todas as noites, depois do jantar?".

A diversão a dois – seja em casa, no jardim ou praticando algum esporte – sempre é mais prazerosa porque, além de fazer o que gosta, você desfruta o prazer da companhia de seu amado.

Por isso, BRINQUE, BRINQUE, BRINQUE. Divirta-se para valer.

CRIE RITUAIS
DE COMEMORAÇÃO

O amor desabrocha quando é sustentado pela alegria das comemorações. Elas marcam acontecimentos especiais: aniversários, bodas de casamento, promoções, prêmios, formaturas – os ciclos de nossa vida e nossas conquistas. As comemorações são o pó mágico que dá brilho ao nosso dia-a-dia. Elas nos mantêm em contato e nos fazem perceber o que torna nossa existência e nossos amores preciosos.

Quando éramos crianças, ficávamos encantados com os rituais: a fada dos dentes, o sapatinho na janela na noite de Natal, o coelhinho da Páscoa, etc. Só porque crescemos, isso não significa que superamos nossa necessidade de rituais. Mesmo tendo nos tornado mais conscientes, ainda precisamos de comemorações em nossas vidas.

São esses momentos especiais, marcados por rituais, que revelam nossas raízes e nos atraem mais em direção ao outro. Na verdade, parte do prazer que sentimos está na repetição dessas comemorações – sabemos que a magia se desdobrará exatamente como antes e isso já nos delicia.

O amor precisa da bênção da comemoração e dos rituais. Ricardo sempre dá a Sandra um coelho de chocolate na Páscoa. Suzana e Renan sempre passam as férias de verão no chalé perto do lago onde ela cresceu. Marcos e Maria sempre comemoram seu aniversário de casamento no hotel onde um dia, 13 anos antes, trocaram olhares pela primeira vez à beira da piscina.

Walter sempre encomenda para Cibele um bolo de aniversário confeitado, como os que ela ganhava quando era uma garotinha. E sempre escreve a mesma coisa no cartão: "Para você se sentir mais jovem a cada ano."

Comemore as ocasiões especiais com seus próprios rituais. Eles organizam e embelezam nossa vida íntima.

REVELE SEUS MEDOS

Você não ganha pontos extras por ser corajoso em seu relacionamento. A bravura é uma fraude, o oposto da intimidade. Nunca sentir medo é viver uma mentira. Para ter um relacionamento verdadeiramente significativo, você precisa estar disposto a falar sobre as coisas que teme.

Por alguma razão, todos nós temos vergonha de ter medo. Sempre ouvimos dizer que isso é coisa de maricas e que, quando finalmente encararmos nossos temores, nós os transcenderemos e poderemos dizer que não temos medo de nada.

A verdade é que nossos receios remetem a áreas muito frágeis dentro de nós – pontos onde fomos feridos, ainda não crescemos o bastante, não somos suficientemente fortes ou já tivemos nossas maiores esperanças destruídas. Nossos medos são tão variados quanto o pavor de aranhas ou de nossa própria mortalidade. Mas, independentemente de quanto possam parecer inofensivos ou esmagadores, são relatos de nossa fragilidade. Ao revelá-los, permitimos que nosso parceiro tenha acesso aos pontos em que precisamos ser apoiados; em que, por causa de nossa vulnerabilidade, nos tornamos mais receptivos ao amor.

Assim, revelar nossos medos é um ato de abertura que conta com uma resposta amorosa. É o mesmo que afirmar: "Sei que você me ama o suficiente para me permitir mostrar minhas fraquezas. Acredito que cuidará de mim." Quando dizemos a nosso amado que estamos com medo, essa confiança por si só já se transforma em um elogio a ele.

Revelar nossos medos também nos leva imediatamente a um maior nível de intimidade. Isso porque um de nossos grandes temores é que a outra pessoa não sinta medo de nada e nós sejamos os únicos covardes na face da Terra, e confessar o que sentimos em geral motiva o outro a fazer o mesmo. Dessa forma você entra em contato com a essência do seu amado. E assim, unidos em meio a nossas vulnerabilidades, percebemos quanto estamos ligados – e isso é amor de verdade.

COMPARTILHE SEUS SONHOS

Nossos sonhos, sejam os que temos à noite ou as esperanças e aspirações para nossas vidas, representam a parte mais profunda, protegida e preciosa de nós. E por serem tão particulares, quando compartilhados, são capazes de criar intimidade imediatamente.

As imagens formadas durante o sono são um mapa do que é oculto e não censurado em nosso interior. São mensagens que o nosso mais profundo inconsciente nos envia sobre nós, que revelam, com sua linguagem enigmática e cheia de símbolos próprios, segredos que escondemos de nós mesmos.

Contar seus sonhos à pessoa amada é um ato de auto-revelação, pois, ao abrir desse modo a porta de seu inconsciente, você permite que ela o encontre em um lugar especial e desprotegido, um local mágico, muitas vezes situado além da sensatez ou até mesmo das palavras. Não importa se os sonhos fazem sentido para você ou para seu parceiro (e você não precisa ser Freud para identificar pelo menos alguns de seus significados), ter uma visão da pessoa amada através desse espelho misterioso é ser levado para o interior de sua privacidade espiritual.

O mesmo é verdade em relação às aspirações. Ao revelarmos nossos desejos e esperanças, somos mais enaltecidos e, ao mesmo tempo, nos tornamos vulneráveis, uma vez que também estamos revelando como podemos ser decepcionados. Você não quer que todos saibam que seu sonho era ser bailarina (apesar de você sempre ter sido desajeitada e não conseguir sequer atravessar a sala sem esbarrar nas paredes), mas contar isso ao seu amado é um modo de abrir uma parte sensível de você mesma para um carinho especial.

Não é possível realizar todos os nossos sonhos, a vida não é longa o suficiente para isso. E todos nós temos mais talentos do que tempo para desenvolvê-los. Embora em algum momento nos tornemos conscientes de que não podemos fazer tudo, ainda assim temos uma sensação de perda quando desistimos até mesmo de nossos sonhos mais ridículos ou excêntricos. Quando compartilhamos essas decepções, mostramos à pessoa amada um ponto vulnerável, de forma que podemos ser compreendidos não só pelo que somos, mas também pelo que gostaríamos de ter sido.

Revelar os sonhos é um ato de confiança. Significa que você acredita que o outro o ama e deseja conhecer sua essência secreta, sem se chocar, se envergonhar ou zombar de você. Significa que você acredita que pode compartilhar seus segredos mais íntimos e que, mesmo que suas aspirações não se concretizem, a pessoa amada ainda estará ali para confortá-lo.

SEJA GENEROSO COM SEU CORPO

O amor verdadeiro precisa do apoio da afeição física. Os corpos não somente abrigam nossos espíritos, mas também os expressam, comunicando, sem palavras, nossa essência.

Quando éramos bebês, as sensações provocadas pelo contato com nossos pais faziam com que nos sentíssemos amados. Ser aninhados no colo de nossa mãe ou carregados nos braços fortes de nosso pai nos dava a percepção física de segurança e amor.

Se você recebeu as bênçãos do carinho e do cuidado de seus pais, tem vontade de sentir-se assim novamente. Caso contrário, essas sensações são algo que você almeja atingir.

Quando estamos fisicamente satisfeitos, nossas emoções são positivas e nosso espírito fica elevado. Por isso, o corpo de seu parceiro, mais do que qualquer outra coisa, pode fazer com que você se sinta amado. É como Pedro diz: "Depois que faço amor com você, sinto como se tudo fosse possível."

Então, seja sempre generoso com seu corpo, e não apenas quando estiver fazendo amor. Faça massagens nos pés ou nas costas do seu parceiro. Prepare compressas frias se ele estiver com febre, enfaixe seu tornozelo torcido. Tenha um estoque de band-aids, chás e remédios para confortar a pessoa que você ama.

Beije sem motivo. Dê longos abraços. Acaricie o ombro de seu amado quando passar por ele na cozinha. Toque em seu braço ao se sentar ao seu lado. Deixe que seus pés brinquem com os dele quando do forem dormir. Se ele estiver triste, acaricie seu rosto. Quando ela se sentir desanimada, faça-lhe um cafuné.

Deixe que seu corpo expresse a verdade. Ao fazer amor, tenha consciência de que ele pode dizer o que você não consegue e saiba que, em sua entrega, a paixão do sexo é a dança do espírito.

CONFIE NO OUTRO

O amor verdadeiro é baseado na confiança, esse clima emocional que você e seu parceiro criam para que o sentimento possa florescer. A confiança é a sensação de que estamos seguros com o outro, a certeza de que não seremos traídos em nossos momentos de vulnerabilidade, fraqueza ou sucesso.

Confiar implica acreditar que a pessoa amada é motivada por uma grande preocupação conosco, que realmente quer o nosso bem, apesar dos deslizes e erros ocasionais, e que ela realmente nos ama e tem a intenção de fazê-lo por muito tempo. A confiança sempre nos leva a contar com o melhor e ter esperança de que tudo dê certo no final.

Confiança gera confiança. Saber que você entrega sua vida, seu coração, seu corpo, seus talentos, seus filhos e seus bens materiais à pessoa amada faz com que ela se torne ainda mais digna desse sentimento. Por isso, quanto mais você confia, mais seguro se sente e mais capaz de amar se torna.

Por outro lado, a dúvida produz mais desconfiança. Quanto mais você suspeita, espera e imagina que seu parceiro não o ama e não se importa com você, mais difícil será para ele superar o obstáculo que suas dúvidas representam para lhe dar o presente do amor e a bênção da afeição sem fim.

Mas a confiança não depende apenas de seu estado de espírito. Ela se desenvolve em resposta às ações e às palavras da pessoa em quem você escolhe confiar. Trata-se de um sentimento frágil, que pode se quebrar facilmente: pode ser destruída por uma única frase arrasadora, por uma noite leviana de traição, por um grande número de mentiras. Quando se trata de confiança, somos os guardiões do estado psicológico do outro e precisamos considerar isso uma séria responsabilidade. Por isso, além de confiar, seja confiável. Exija o melhor de você mesmo – por meio da integridade de seus atos, intenções e palavras –, para ser capaz de criar a relação que será para sempre o berço de seu amor.

FAÇA TUDO ISSO INÚMERAS VEZES

Conheço uma cigana que lê a mão e responde a duas perguntas por 10 reais. Se você está sentindo falta de alguma coisa em sua vida ou se tem um desejo difícil de realizar, ela pede 100 reais para acender 10 velas por 10 dias e tornar seu sonho realidade. Sempre me perguntei se ela acende mesmo as velas ou se é apenas um truque para ganhar mais dinheiro. Mas, seja o que for, ela tem razão em uma coisa: os sonhos não se realizam se os desejarmos apenas uma vez. É preciso esforço e atenção. Assim como a cigana acende as velas para garantir resultados, nossos desejos mais queridos se tornarão realidade se mantivermos sua chama em nossos corações e mentes, em nossas emoções e ações.

É difícil mudar de comportamento. Isso exige prática e determinação. O mesmo vale para as atitudes de amor. Aprender a pensar de modo diferente sobre a pessoa amada e a adotar novos comportamentos emocionais requer tempo. Você não aprenderá a fazer isso em um minuto ou apenas lendo este livro. Vai ser preciso manter essas atitudes em mente e tentar diversas vezes para obter resultados duradouros.

As atitudes de amor funcionam exatamente como os alimentos: quando estamos com fome, comemos e ficamos satisfeitos, mas isso não significa que não teremos fome de novo. Só porque um dia nos lembramos de esquentar o romance ou de reconhecer as dificuldades que nossos problemas criam, isso não significa que está feito para sempre. Todos necessitamos das bênçãos e cortesias do amor inúmeras vezes. Nenhum de nós foi tão abençoado ou satisfeito que não precise de todas as coisas boas que puder obter.

Como um sonho ou uma obra de arte, a beleza de um relacionamento é esculpida com o tempo. O amor que você imagina e deseja só será seu por meio de um esforço constante. Então, faça tudo isso tantas vezes quanto necessário e seu relacionamento será muito melhor do que você jamais sonhou.

AS TRANSFORMAÇÕES
DO AMOR

CONSOLE O OUTRO

A vida é mais cheia de tragédias do que gostaríamos de aceitar. Todos nós temos fardos pesados demais para suportar, tristezas e sofrimentos que nos levam a situações dolorosas que, às vezes, parecem insuperáveis. Há momentos em que sentimos que estamos passando por algo que vai nos devorar e destruir completamente.

Ter consciência disso é saber quanto precisamos de consolo. Quando enfrentamos a magnitude da tragédia em nosso meio, não há nada que possamos fazer além de oferecer apoio. Mesmo nos sentindo totalmente incapazes ou inadequados, nosso gesto chegará exatamente a quem está desesperado por conforto.

O consolo é uma experiência espiritual que começa quando aceitamos que todos sofrem e que uma de nossas maiores vocações é ajudar o próximo a atravessar o vale de lágrimas.

É preciso que estejamos dispostos a agir como médicos de almas nos tempos de sofrimento, pois é justamente quando somos atacados pelas dores da vida que mais precisamos da pessoa que nos ama. É quando estamos sofrendo que necessitamos de mais cuidados, é quando estamos tristes que queremos ser abraçados pelo amor.

Consolar é estar disposto a penetrar no fundo da ferida, acompanhar a pessoa que está sofrendo e se ligar a ela, sentir a dor do outro e ficar ao seu lado, se tornar testemunha do insuportável para que, finalmente, isso possa ser superado.

Consolar é confortar com palavras, mãos, coração e orações. É chorar junto e, com isso, compartilhar a magnitude da perda. Ao consolar, você torna a si mesmo e a pessoa amada menos solitários. Você conecta o que há de mais profundo em suas almas e o que há de mais generoso em você responde ao que há de mais necessitado em seu parceiro.

PERDOE O OUTRO

Perdoar é ver a pessoa que o ofendeu de um modo completamente diferente, por meio da caridade e do amor. Essa tarefa, apesar de difícil, pode ser transformadora, pois o perdão sopra nova vida no relacionamento e faz com que a química entre vocês deixe de ser amarga e se torne doce.

Na realidade, o perdão começa com você mesmo, com a compreensão de que, apesar de suas boas intenções, você também vai falhar e se verá cometendo os atos terríveis que julgou que apenas seus inimigos fossem capazes de cometer. Ver a si mesmo com compaixão apesar de seus defeitos é o princípio da capacidade de perdoar os outros. Jamais aceitaremos novamente em nossos corações a pessoa que nos magoou se não formos generosos com nossos próprios erros.

O perdão requer maturidade emocional e disposição para caminhar em direção ao futuro. Perdoar é recomeçar em um lugar diferente, é agir, do fundo do coração, como se o mal nunca tivesse sido feito. Nesse sentido, o perdão é um ato criativo, pois exige que você comece um novo relacionamento a partir de agora.

Para que isso seja possível, é necessária uma profunda transformação interior. Perdoar não é esquecer – negar as palavras ou atos que o feriram –, mas estar disposto a abrir seu coração a ponto de ser capaz de enxergar o que o magoa de uma perspectiva diferente e elevada. Perdoar é estar acima do conceito de bom e mau e atingir um nível em que você percebe que todos fazem o melhor que podem, mas todos nós temos defeitos. Todos nós compartilhamos as imperfeições da condição humana e já cometemos ou cometeremos erros terríveis e imperdoáveis com o próximo.

O perdão exige que você veja a outra pessoa na totalidade de seu ser, que aceite seu amado em toda a amplitude de sua essência, compreendendo por que ele o feriu. Em vez de se lembrar para sempre dos pequenos crimes, insultos e abusos cometidos pelo outro (e basear seu futuro nas decepções e falhas do passado), perdoar faz com que essas coisas se desfaçam à luz de uma percepção constantemente renovadora. Nesse sentido, o perdão convida você a recomeçar, a se lembrar novamente do bem que sempre esteve lá e a permitir que as coisas ruins vão embora como folhas ao vento.

RECONHEÇA QUE A PALAVRA TEM O PODER DE CRIAR A REALIDADE

A palavra é um instrumento muito poderoso. Declaramos o que acreditamos ou esperamos e, se o repetirmos o suficiente, com o tempo isso se tornará realidade. O que dizemos e ouvimos os outros dizerem tem o poder de esculpir nossa experiência, nossa visão do mundo e, mais importante, a imagem que temos de nós mesmos. Um dos maiores dons do amor é que, por meio dele, podemos adquirir essa poderosa capacidade e usar a palavra para trazer vida, iluminação e cura para a pessoa que mais amamos.

Uma forma de cura emocional está justamente no uso preciso da linguagem, nas palavras que você pronuncia e nas que são ditas a você. Por isso, um relacionamento íntimo – e a troca verbal que faz parte dele – tem uma grande capacidade, talvez maior do que a de qualquer outra coisa, de curar feridas profundas.

As palavras ditas pelas pessoas que amamos realmente têm o poder de modificar nossas memórias e de recriar a imagem que temos de nós mesmos e do mundo que nos cerca. Isso significa que as palavras negativas que originaram nossas percepções – "Você é feio"; "Você não pode ter isso porque nós somos pobres"; "Você nunca presta atenção"; "Por que você não consegue ficar calado?" – podem ser revistas e corrigidas, e sua maldição pode ser quebrada por meio do uso cuidadoso da linguagem.

Os pais de Sílvio sempre gritavam com ele por causa de seu comportamento na escola e pelo descuido com seus livros didáticos, o castigavam por chegar atrasado e o criticavam por suas notas baixas.

Ninguém nunca tinha se preocupado em observar seu talento intuitivo e sua mente extraordinária. A auto-estima de Sílvio, devastada por vários anos, começou a ser curada no dia em que sua namorada lhe disse pela primeira vez que ele era inteligente. "Você é brilhante. Adoro a forma como sua mente funciona." Mais tarde, ele me contou: "No momento em que ela disse isso, uma mudança se desencadeou em mim. Comecei a acreditar que não era burro. Quanto mais ela repetia, mais eu acreditava. E passei a notar que os outros às vezes faziam observações semelhantes. Com o tempo, as palavras dela mudaram completamente o modo como eu me via."

As palavras têm o poder de mudar a realidade. Por isso, trate-as como o instrumento poderoso que são – para curar, realizar e afastar, como que por magia, as terríveis violações da infância; para alimentar, acariciar, abençoar, perdoar e criar, de toda sua alma, o AMOR DE VERDADE.

CONSIDERE SEU
RELACIONAMENTO SAGRADO

Mesmo que isso não seja claro, todo relacionamento tem um propósito mais elevado do que a própria relação, um significado que vai além das convenções do amor e do romance e liga as duas pessoas que fazem parte dele em um só destino, com raízes no passado e asas no futuro. Esse propósito é nos transformar nas melhores versões de nós mesmos e promover uma mudança, mesmo que pequena, em nossa realidade.

Reconhecer isso é acreditar que tudo o que acontece no relacionamento – de dramas insignificantes a grandes tragédias – está preparando vocês para uma participação incomparável no curso da existência. É aceitar que a pessoa amada entrou em sua vida por uma razão que transcende as satisfações do momento ou de seu futuro individual e atinge a teia da eternidade.

As coisas que vocês fazem juntos, seu nível de qualidade e de beleza, influenciam não só o modo como vocês se sentarão confortavelmente em suas cadeiras de balanço na velhice, mas também todos os seres humanos. Todos nós participamos do processo de criação de uma espécie e um mundo repletos de paz e instruídos pelo amor. Essa é nossa maior herança e, quando consideramos nossos relacionamentos sagrados, as dificuldades e os conflitos neles contidos serão instantaneamente reduzidos e substituídos pelo amor de verdade.

Considerar seu relacionamento sagrado significa encará-lo não como um meio de auto-satisfação, mas como uma oferta de amor dada com alegria para atingir seu objetivo maior.

Isso acarreta não apenas uma atitude de aceitação, mas também dois comportamentos diferentes: falar e silenciar. Significa que vocês vão reconhecer verbalmente essa verdade mais elevada: "Agradeço por você ser o instrumento para a descoberta do meu propósito de vida"; "Sei que estamos juntos por uma razão importante"; "Amo você porque, ao seu lado, consigo ver a santidade da vida".

Às vezes também significa silenciar seu coração, em um ato de gratidão por esse propósito mais elevado, ou engajar-se com a pessoa amada na prática da meditação, uma caminhada espiritual a dois e uma oração para que seu propósito conjunto seja revelado.

Seu amor é uma pequena parte do Todo. Aceitar isso é vê-lo sob uma perspectiva definitiva e receber dele uma alegria extrema.

CONSAGRE SEU RELACIONAMENTO

Todos nós precisamos que nossas vidas tenham marcos que nos lembrem de sua qualidade e da beleza de nossos amores. Nossos relacionamentos são consagrados quando os diferenciamos do trivial por meio de rituais. Eles são uma referência não só do valor que damos a nossos relacionamentos, mas também do valor que queremos que nos seja dado.

Quando eu era pequena, meu pai sempre fazia uma oração antes do jantar no dia do meu aniversário: "Com gratidão e amor por você fazer parte de nossos corações e de nossa família, celebramos o dia de seu nascimento, criança linda, espírito maravilhoso. Que você tenha um ano cheio de alegrias e que, como flechas, seus talentos encontrem o verdadeiro alvo em uma longa vida neste mundo."

Diante dessas palavras de consagração, minha vida se tornou maior. Alcançou um grau de santidade, com inúmeras qualidades e possibilidades. Tornou-se um privilégio e uma grande responsabilidade. Apesar dos tempos difíceis pelos quais passei e das dificuldades que enfrentei, o ritual dessas palavras era uma bela referência que indicava meu propósito mais elevado.

Os relacionamentos também deveriam ser consagrados dessa forma, por meio de rituais e cerimônias que, com sua capacidade mística, têm o poder de lhes dar destaque. As cerimônias dizem que esse dia não é como os outros, que essa pessoa não é como as outras, que esse amor não é como os demais. Não somente em nossos corações, mas também em nossos atos, pretendemos que seja uma união significativa, com uma missão elevada.

Apesar de a maioria das pessoas pensar que a consagração só acontece nas igrejas, todos nós temos a capacidade de santificar nossos relacionamentos. É uma questão particular e de criatividade. Escolha um momento específico para reconhecer sua união – o dia em que vocês se conheceram, o início do namoro ou o aniversário de casamento –, estabeleça um lugar especial onde homenageá-la e crie sua própria cerimônia: acenda velas, diga algumas palavras especiais, ponha para tocar uma linda música.

Consagrar seu relacionamento é o sinal, repetido e belo, de que você o vê como algo santo e correto, e que pretende, tendo a pessoa amada como testemunha, sempre vivê-lo à altura de seu propósito mais elevado.

ENXERGUE A LUZ DE SEU AMADO

Um relacionamento é sempre muito mais do que imaginamos ou esperamos. Mais do que morar juntos, do que fazer companhia um ao outro em eventos sociais ou do que as cores brilhantes do romance, é a união de duas pessoas cujos espíritos interagem, bela e dolorosamente, no processo inexorável de sua transformação individual.

Dessa forma, relacionamentos são como lixas implacáveis, nos polindo e refinando até brilharmos o máximo possível. Esse brilho é a expressão exata do amor: por isso, um relacionamento é um empreendimento espiritual.

Quando olhamos para a pessoa amada com a expectativa de que ela resolva todos os nossos problemas ou torne nossos sonhos realidade, nós a reduzimos a uma mera peça em nossa estratégia egoísta, considerando o relacionamento uma experiência do tipo "O que eu posso obter?", em vez de "Em que posso me transformar?".

Quando observamos um relacionamento de outro ângulo e o reconhecemos como uma incubadora espiritual, também mudamos a visão que temos da pessoa amada. Passamos a vê-la dissociada de nossas expectativas e exigências de que ela seja especificamente de tal jeito, nesse exato momento, para nos satisfazer. Em vez disso, nós a reconhecemos como um cúmplice espiritual e vemos a sua luz.

Enxergar a luz de seu amado é vê-lo como uma alma em constante aperfeiçoamento, reconhecer todo o brilho do que ele é e do que está lutando para se tornar. É perceber o espírito puro que se esconde atrás das limitações da psicologia individual e das circunstâncias sociais; é apreender toda sua essência como ela era desde o início dos tempos e será por toda a eternidade.

Fazer isso é superar as decepções, tanto as insignificantes quanto as enormes, que vocês experimentam na vida a dois para captar a divindade desse ser único, incomparável e maravilhoso com quem você teve a oportunidade de se unir durante a jornada de seu próprio aprimoramento.

Enxergar a luz de seu amado é vê-lo como Deus o veria: totalmente engajado no processo de se tornar perfeito.

CURVEM-SE AO MISTÉRIO DO AMOR

O relacionamento – duas pessoas que se unem para viver, trabalhar, brincar, rir, chorar, se alegrar e fazer amor – é a forma que os seres humanos dão ao amor. Mas esse sentimento está além de todas as definições e de qualquer análise. O amor tem seus próprios caminhos.

É um mistério de essência angelical. Sua natureza ultrapassa tudo o que podemos entender por meio dos sistemas que normalmente usamos para compreender a realidade. O amor ao mesmo tempo, nos une e nos liberta. É capaz de abrir e também de partir nossos corações. Não pode ser visto – exceto nos olhos da pessoa amada – nem sentido – a não ser no coração de quem recebe o carinho. Sua ausência nos deixa sombrios, enquanto sua presença transforma nossos corações, nossas mentes e nossas vidas.

Buscamos esse sentimento sem saber o que é, conscientes apenas de que o reconheceremos quando o encontrarmos – e esse é o verdadeiro mistério do amor.

O amor acontece de maneiras que estão além de nossa imaginação. Às vezes, vem para ficar, alimentado e acalentado pelos sentimentos e pelo esforço daqueles que o convidaram a entrar. Mas, se não for devidamente honrado e nutrido, partirá em busca de seu verdadeiro lar.

Ao nos curvarmos ao mistério do amor, reconhecemos que ele está além de nossa compreensão. Há um ponto em que, em sua presença, não existe mais nada a dizer ou provar, nada a pedir ou do que se arrepender. Nada, exceto o milagre do próprio amor.

INFORMAÇÕES SOBRE OS
PRÓXIMOS LANÇAMENTOS

Para receber informações sobre os lançamentos da
EDITORA SEXTANTE, basta cadastrar-se diretamente no site
www.sextante.com.br

Para saber mais sobre nossos títulos e autores, e enviar
seus comentários sobre este livro, visite o nosso site
www.sextante.com.br ou mande um e-mail para
atendimento@esextante.com.br

Editora Sextante
Rua Voluntários da Pátria, 45 / 1.404 – Botafogo
Rio de Janeiro – RJ – 22270-000 – Brasil
Telefone (21) 2286-9944 - Fax (21) 2286-9244
E-mail: atendimento@esextante.com.br